邓拓

死生继往即开来

娄凝先　丁一岚◎等著

中国文史出版社

图书在版编目（CIP）数据

邓拓：死生继往即开来 / 娄凝先等著 . -- 北京：
中国文史出版社，2020.1
（百年中国记忆 . 报人系列）
ISBN 978-7-5205-1180-3

Ⅰ.①邓… Ⅱ.①娄… Ⅲ.①邓拓（1912-1966）—
生平事迹 Ⅳ.① K825.42

中国版本图书馆 CIP 数据核字（2019）第 149106 号

责任编辑： 徐玉霞

出版发行：**中国文史出版社**

社　　址：北京市海淀区西八里庄 69 号院　　邮编：100142

电　　话：010—81136606　81136602　81136603（发行部）

传　　真：010—81136655

印　　装：北京新华印刷有限公司

经　　销：全国新华书店

开　　本：16 开

印　　张：20.25

字　　数：350 千字

版　　次：2020 年 1 月北京第 1 版

印　　次：2020 年 1 月第 1 次印刷

定　　价：62.00 元

目录
contents

第一辑

浩荡正气：最是虚心留劲节

风雨同舟战友贤

——回忆邓拓同志

娄凝先

　　1966年的初夏，我从山东曲阜返回天津，在火车上听到了"声讨"《三家村札记》《燕山夜话》的广播。我马上意识到这横加在邓拓同志头上的压力，来势是够凶猛的。但同时，邓拓同志在抗战时期反"扫荡"中，那种沉着安详，指挥若定的形象，又浮现在我的眼前。我逆料，邓拓同志是能够应付裕如的。不久，一些揭发、批判的小报、传单、小册子不断地飞来，其中有些事实我不完全了解，但有的我知道并不是那么一回事。不过，在那个年头，到哪里说理，到何处辩诉！？往后，形势越来越紧，从小道传来了消息，说邓拓同志去世了！当然不是"寿终正寝"。这不能不使我感到悲愤交加。听说他临死前留有遗书，但至今只看到一两句摘引，没有机缘拜读全文。在我想象中，这无疑是他一生的总结，是血泪的控诉，是正义的声讨。如今，我所能够回忆起来的往事，就像电影一样，一幕幕地在我眼前闪过，这里，我仅记录下其中的一部分，以寄托我的哀思。

文如其人

抗战开始，邓拓同志到了晋察冀军区工作。我在边区政府，只闻其名，未见其人。听说他曾以邓云特的笔名发表过关于中国历史问题的论战文章，对中国古代社会性质有他独特的见解。此外，他还在商务印书馆出版过一部《中国救荒史》。由此可见，他对中国历史是有相当深刻的研究的。当时边区初创，曾经混进来一个不肖分子，在边区政府鬼混过一些日子，后来在一次反"扫荡"中，趁机逃到北平，在大汉奸齐燮元的脚下，当了一名文化汉奸走卒。就是他，在华北汉奸刊物上大登文章，妄评晋察冀边区的一些人物。其中提到邓拓同志，把他和舒同同志并列为彭真同志的"哼哈二将"，云云。敌人的诬蔑，丝毫无损于革命者的光辉形象。恰恰相反，从敌方这一反面的镜子里，也正好反映出邓拓同志在边区工作的分量，看来敌人的嗅觉还是相当灵敏的哩！邓拓同志在主办《晋察冀日报》的同时，还主编一个专向敌占区宣传的《实话》报。此报经常向北平敌占区散发，不知那个文化汉奸看了心里是什么滋味？

太平洋战争爆发后，从北平燕京大学来到边区参加抗战的有几位

中外教授。其中一位是董鲁安先生，化名于力；他对古代汉语和佛教经典有较深的研究，在边区当然是属于高级知识分子之列了。党为更好地团结这批知识分子，除给他们安排了相当的政治职位外，也组织些文化活动，使他们有更多的机会提高兴趣，发挥才能。我记得有邓拓同志参加发起一个诗社，大家集会，当场赋诗，互相赠答。这些老先生看见在共产党内像邓拓这样年轻的干部，居然在旧诗词中有如此高深的造诣，不免格外惊讶、钦佩。

　　1943年，我调到晋察冀日报社工作，和邓拓同志朝夕相处，日益熟谙，在一次行军途中，我向他问起诗社的情况，颇触起他的诗兴，他指着沟旁一棵棵高大的白杨树对我说："看，这些杨树活像一支支巨大的毛笔，伸直向着蔚蓝的天空，要书写伟大的篇章。"后来他是否真的把这意境写进什么诗中，我不知道。他这种即景生情的浓厚诗意，确实给了我深刻的印象，久久未忘。就在紧张工作的余暇，邓拓同志也总爱读书，吟咏。有一位来自北平的女同志，据说曾在中国大学任教，是专讲诗词歌赋的。邓拓同志时常和她交谈，那时是战争环境，室内布置简单：一盏油灯，几排书册，如此而已。邓拓同志曾对我描述当时即兴吟咏的联句："书如青山任陈列，灯似红豆惹相思。"我不知道这里是否套用了古人的造句，不管如何，在那战火纷飞，生活、工作异常紧张的气氛中，他还有这种闲情逸致，谈诗论词，不能不使我感到讶然，我当时半开玩笑地说："你这是忙里偷闲学少年啊。"我们彼此相视一笑。

　　《晋察冀日报》的社论，大部分出自邓拓同志之手。他写的社论文章尖锐、泼辣，痛快淋漓；写起诗词来，他的感情充沛、含蓄、细腻，独具一格。

他是战士，又是诗人。

文武双全

在我相识的朋友中，议论起邓拓同志时，不止一次地听到一种说法，认为邓拓同志好学敏求，未免有些书生气。按邓拓同志在平时的表现以及与人交接中，确实容易给人以这种印象。但是如果与他接触得多些，熟识一些，这种印象就改变了。我感到印象更深的，还是在我们共同行军打游击的过程中。在那个年代，每年都要有几次大的"扫荡"和反"扫荡"的战役。我们报社虽然是后方机关，没有直接消灭敌人的战斗任务。但在敌后根据地的战斗环境里，是不分什么战斗队、工作队，也无所谓前方或后方。大家都一样的参与反"扫荡"战斗。我们报社整体也是一个小小的战斗队，邓拓同志就是我们的指挥员。像一切战斗队一样，侦察，行军，宿营，一切活动都必须按照战斗部队的要求行事，否则将无法保存自己，更无法坚持我们的工作——出版报纸。这时候的邓拓同志就不是一个单纯的书生了。可以说是文武双全，全面指挥。每当最紧张的时刻，前后左右，情况变化莫测，要当机立断，确定我们的行止方向，往往不是那么容易下决心的。

　　记得有一次夜晚，该分配的人员几乎都分配出去了，突然又传来种种互相矛盾的消息，莫衷一是。为了迅速摸清情况，确定行动方向，只好由我们亲自出发分头侦察。他派我和工人小张同志到山前面的一个村庄去探听虚实。这时，已找不到什么人可以做向导了，只好按照地图的标志，摸索前去。当我们爬过山坡刚刚往下走了不远，忽然从一块大石头后面跳出一个小伙子，拔腿向一侧跑去。小张同志一面喊着"口令"，一面扳起了大枪机栓。我看情况不像是敌人，至少不是战斗的敌人，也许是前面我们的队伍在这里侦察呢，便制止了小张同志，没有开枪。随后，我们更加警惕地向前走去，一直走到前面的一个小村，证实了这里没有敌情，我们才急忙转回来。只见邓拓同志嘴里叼着一支自己搓的纸烟，正在从容地看着地图。他听完了我们的汇报后，舒展了一下身体，显示了一种"正不出所料"的神气，立即做出了决定。第二天，我们在那个山头上果然遇到了我们的另外一支部队，原来是抗大二分校负责人李志民同志率领的队伍。我们在这里会合，更增加了力量和信心。在这种紧急状态中，不仅需要指挥者的勇敢，更需要沉着、镇定。在实践中，我亲眼看到邓拓同志不愧是一位坚定、果断的指挥员。难道这是所谓"书生"能做到的吗！

　　就在1943年的秋季反"扫荡"中，记得我们活动在灵寿县团泊口镇的附近。一天下午，我们派了出生在附近一个村庄的一位工人同志回家去侦察情况，没有发现敌情。于是，邓拓同志决定集合队伍，经过这个村庄向西转移。等我们到达村头时，暮色已经很浓了，一位农民在前面做向导，领着尖兵班进了一个院子，他嘴里还在嚷着"同志，请你们派人领路换换班吧"，哪知道撞上了刚刚进来的敌人的驮运队。一看不对，双方开了枪。邓拓同志前面的一位工人牺牲了，后面的一位马夫也牺牲了；他骑的马也中了枪弹，他跌下马来后，迅速跃起，指挥队伍，奋战前进。这次意外遭遇，我们虽然有些损失，但工作并未停顿，报纸立时又继续出版。谁能够说邓拓同志仅仅是一位书生吗！

记得邓拓同志调离人民日报社时，曾给同人临别赠诗，其中有"文章满纸书生累，风雨同舟战友贤"之句，我想这里自然是有所感而写的。我个人理解，这恐怕不只是自嘲式的讽谏吧！？

文化武器

五台、阜平、灵寿一带是晋察冀边区根据地的心脏。边区的军政首脑机关、后勤机关，始终活动在这一带。这里，山高沟深，道路崎岖，交通困难。不消说，文化也最落后。在平常年月，也没有一个印刷机构，更何况在抗战时期。而我们在山沟里居然出版了一种铅印的报纸，这简直是有史以来的奇迹。我在抗战前，多少办过几天小报，因此对排版、铸字、印刷等一些工序还算了解一点。正因为如此，当我看到边区的铅印报纸出版时，我是多么兴奋、多么感叹啊！从《抗敌报》到《晋察冀日报》，不知渗透着邓拓同志的多少心血啊！我在边区政府工作的时候，也出版过一种机关刊物《边政导报》。我们费

了九牛二虎之力，才从敌占区搞来一台圆盘脚蹬机；连一台十六页印刷机也搞不来。以后，又出版一种新闻性报纸叫《救国报》，就只好用石印，三天出一张，相形之下，可以想象，为了维持这样一张铅印的日报，该要付出多大的辛苦呀！

为了适应战斗环境，力争在战斗中报纸不停刊，必须边行军，边编印；我们在崎岖偏僻的山村中建立了发行网。这一切，都没有前例可援，都要用脑子思考设计，这需要非凡的智慧和组织才能。当时在报社直接负责印刷业务的是李常彬同志，他是一位印刷业出身的精干的工人同志。邓拓同志反复和工人们商量、探讨，设法改造工具，压缩用字范围，做了几个特制木箱，架上牲口驮子就可以行军，一住下来就立刻打开箱子进行排版工作。铸字困难，就用手刻。这种骡驮上的印刷厂，究竟为我们的战斗尽过多大的力量，是任何有形的砝码也衡量不出来的！邓拓同志经常写社论，他又热心学习，就是在战斗环境中，他的书籍、资料也往往是不可缺少的。为了行军转移方便，他自己设计了一种木箱，住下来，打开盖子，竖排放在一起就是书架，转移的时候，把盖子加上，放到驮架上就可运走，这又是一种别开生面的设计。它使我联想到白求恩大夫亲自设计的马上手术箱，这也是无独而有偶吧！1945年，我在天津附近参加《天津导报》的编辑出版工作。那时天津市还在敌人占领下，只能在市外编印向市内发行。不时也要打游击，行军搬家，我们用石印印刷报纸，既笨又慢，想起抗战初期《抗敌报》的创办，实在令人向往，其中值得学习的地方太多了。

文物欣赏

邓拓同志不仅对马列主义、毛泽东思想热心钻研，由于长期不懈的学习，他的历史知识也很丰富。由文及物，他对古代遗迹，文物古董，也特别留意。他的书法很潇洒，看来幼年启蒙时期是曾经下过一番功夫的。天津经营文物古玩的商店定名为"艺林阁"，就是邓拓同志的主张。在北京，他是荣宝斋的熟客，经常搜罗一些心爱的古字画玩赏、研究。在"文化大革命"的前夕，四川有位老人带了一幅古画到北京变卖，说是祖传下来的珍品。一些专家鉴定后，认为不可靠。老人不服，几次声辩，最终无效。邓拓同志听说后，特地亲自审阅；他认为并非赝品。公家既不肯收购，他情愿个人买下，以免国家文物失佚。此画索价上万，邓拓同志虽然有些积蓄，也一时难以凑足这笔现金。于是，他把自己多年陆续收购的字画，请商店挑选若干幅购下，以抵这一张画价。照他自己的解释，这实系以物易物。邓拓同志后来从故宫藏画的记录中，查出了这一幅画的有关记载；经过逐字逐句与画面核对，证明相符，加上那些收藏家的手章印记，我想，如系伪造，恐亦不易。我不知道这幅古画现在的下落如何，至于这段公案如何裁定，还有待我们的专家们费心了。

邓拓同志离开人世已经13载了。他以马南邨笔名出版的《燕山夜话》，今年得以再版问世。不久前，承他的夫人丁一岚同志以新版寄

赠，不由得使我回忆起15年前的情景，邓拓同志那年在他家中亲自题字送此书给我。15年后，他的音容宛在，我怎能不感慨万端！？算来那是我们的最后一次叙谈了。

怀念邓拓同志

智良俊

　　我和邓拓同志是在抗日战争初期认识的，在他直接领导下工作了六七年。他的学识、文章、品德、才华、书法、革命业绩等，给我留下深刻的印象。想不到他在"文化大革命"初期竟被"四人帮"迫害致死。我现在为文悼念他，思绪万千，不知从何说起。

一

　　1938年夏，我在晋察冀边区做新闻工作，住在五台山地区，经常参加军民联欢大会。一次会上，有从北平来的几位英美籍教授讲话，我看到一位身穿草绿色军服的青年在做翻译，他器宇轩昂，从容自若，口齿流利清晰，讲得有声有色。每说完一段话，全场响起一阵

轰鸣的掌声，并夹杂着口号声。我惊奇山沟里竟有这样的人才。后来听说这位青年翻译叫邓拓。这是我第一次看到邓拓同志。1940年1月，我从延安抗大学习归来，被分配在《晋察冀日报》社工作（当时叫《抗敌报》），开始和邓拓同志认识。我做国内版编辑，他掌握报社的全面工作，兼任总编辑。从此，我和邓拓同志就长期工作、生活、战斗在一起。由于相处日久，我们常在一起无拘束地谈笑。他说他过去在上海写文章笔名叫"邓云特"，这次到敌后开始新的历史性革命工作，几位同志商量改个名，他便改名邓拓。他比我小三岁，常打趣地叫我"智老"，有时又风趣地学着五台地区的口语叫我"良俊子"。那时报纸另辟一栏，叫"新字眼"，专给读者解释新名词，主要由我定期写稿，他有时便风趣地催促我说："新字眼先生，你再写几条吧！"当时报社设在山沟里，一出门就是山，他有时带着鸟枪邀我上山散步，听他纵谈学问，有时我听不大懂，穷于应付。他说自己生过肺病。我看他同大家讲话或作报告时，手心不断冒汗，知他确是身体不好，但他还是坚持规定制度，跟大家一起出操，在操场活动。他常到印刷厂和工人亲切地谈心，谈工作，教课，讲时事，问长问短，听取意见。工人和他打闹，称他"老邓"，他从不变脸，只是笑笑。和他长期相处，我深感邓拓同志为人诚恳、谦虚、直爽、庄重、和蔼、活泼、风趣，没有架子，平易近人，和大家心连心。大家认为和他在一起最愉快，毫无芥蒂，他确是一位可尊敬、可亲近的优秀领导者。

在和邓拓同志长期共同工作中，我知道他学识渊博，才气横溢，善属诗文，精通英语，长于书法。他钻研中国历史，过去在上海就有青年历史学家之称，他一直不忘继续攻读史书，整理、抄写、剪贴史料。记不清是谁偶然给他找到一本他著的《中国救荒史》日译本，他多方小心地珍藏着，说这是他手头仅有的一本。他在百忙中不忘读书、做笔记、写文章、作诗词、练书法。当时在边区流行的一阕歌词《把晋察冀造成铜墙铁壁》，便是他的创作。在夜间，每闻书声琅琅，大家习惯地说："老邓真有精神，又在读书吟诗啦。"他这种多才多艺的本领是从哪里来的呢？据他自己谈，他家在旧社会是"书香门第"，父亲思想新颖，治学谨严，博学能文，攻史书，善书法；兄长勤奋好学，精通英语；家庭对他从小就给予熏陶，严格要求，学古文、学史书、学诗词、学英语、学书法，下苦功夫学习，勤学苦练，持之以恒，这样，他才有后来那样的成就。

随着抗战形势的发展变化，敌后的新闻工作也日益繁重起来。邓拓同志为了坚持党的新闻工作，呕心沥血，日夜领导报社人员转战山沟里，工作的繁忙和艰巨，是令人难以想象得到的。在平时，邓拓同志给大家开会，布置工作任务，检查工作，做工作总结；和工作人员谈话，进行思想政治教育；写社论，写文章，改稿，看报纸清样；计划报社基本建设（购置机器、采购物资、修建房屋等），办业余学校，作学习、时事报告；做群众工作，参加帮助农民群众生产劳动；参加机关生产如开荒、耕种、收割等；参加领导报社文娱活动（办救亡室、组织剧团演戏等）；指挥练兵、搞军事演习；接待来客访问；和上级领导联系，参加会议，请示，汇报，等等，数不清的事情啊！我们经常在夜里，听到马蹄声，知道这是邓拓同志开会回来。每到深

夜，不时听到邓拓同志打电话声。这就是邓拓同志成天的工作。同志们很为他瘦弱的身躯担心，但他总是精力充沛，不知疲倦地工作。大家说，他真有惊人的毅力。

反"扫荡"时，邓拓同志从容不迫地带领大家打游击，开展工作。为了保证有足够的印报用纸，他派人办造纸厂，想尽办法找原料，用土法造纸。为了保存资料、书籍，他找木工做成轻便坚实的木箱，平时叠成书架，战时分成小箱，转运方便。为了战时印刷报纸方便，他发动工人创造了简便的铅字架和印刷机，可用畜力驮，或用人力背。为了照常收发电报、通讯，他让人装制了携带轻便的马达和收发报机，报务人员一到休息地，立即架设电线，开始工作。为了完成编报任务，编辑人员携带挎包随时可以看稿、写稿、编报，白天利用石板看稿、写稿，夜间点燃树枝照明，进行工作。邓拓同志和大家住的是群众的土房，阴湿狭小的山洞，用树枝、玉米秸搭成的小棚，热天冒着热气和大雨，寒天冒着风雪。吃不到粮食和喝不着水是常事，有时只吃点土豆、南瓜充饥。当报纸一印出来时，他就高兴地拉长嗓音叫："看报，看报，看《晋察冀日报》！"在整个反"扫荡"期间，邓拓同志更是紧张繁忙，除了平日那些活动之外，他还要带领我们战斗、转移，在战争中坚持出报。白天，我们照常工作、休息；夜间，他带领我们冒着危险，通过封锁线进行转移，他总是日夜奔驰在山沟里。有一次他听到山沟里滔滔不绝的流水声，还兴奋地、富有诗意地说："听啊，这是边区汹涌澎湃的民气，是边区军民反'扫荡'的怒吼声！"在几年残酷的斗争中，邓拓同志始终战胜一切困难，使党报出版未尝中断。当环境极端险恶时，有人议论："逃命都顾不着，还办什么报！"邓拓同志却毫不动摇，坚持办报。他不愧为对党忠心耿耿、无私无畏、英勇卓越的无产阶级新闻战士，在敌后为党开拓了奇迹般的战斗的无产阶级新闻事业，其作用与影响是不可估量的。

最使我难忘的是，一天深夜，勤务员冒着寒风，奔跑四五里，送来报纸清样，要邓拓同志审阅。邓拓同志因过度劳累睡着了，反复推叫他醒不来，当醒来让他看清样时，他拿着清样又睡着了，左叫右叫，依然不醒，勤务员发急，感到为难。我当时出于"怜惜"心情，想邓拓同志那么劳累，怎忍打搅他，不如让他多休息一会儿，我不妨替他分担点工作，我于是替他看了清样；因为版面缺少几百字需要补白，我便将早已看好的国民党某官员讲抗战的一份电稿拿出付排。第二天报纸印出，邓拓同志一看，大为惊诧，非常焦急，追问是谁让登了这份电稿，我只好说明原委。邓拓同志严厉批评了我，说我"马虎"，铸成大错。我申辩当时编辑方针规定凡是国民党官员讲抗战的稿件，可以登载，他却说某人是站在英美派立场讲抗战的，不应该登载（这个新精神我当时尚未知晓）。邓拓同志怪我迁就姑息，不叫醒他，以致有此结果，我悔恨无及。这一来，致使报纸停发一天，重新编印，浪费不少纸张，造成不应有的损失，我惭愧万分。这件事，给了我深刻的教育，也可看到邓拓同志对工作一丝不苟，严肃认真、极端负责的精神，是难能可贵，十分感人的。

在长期斗争生活中，我深感邓拓同志对战友对群众平等相待，真诚热情，关心爱护，充满了深厚的阶级感情。记得我有一个时期身体

不好，精神不振，邓拓同志怪我无精打采，缺乏朝气，我告诉他因吃花料黑豆泻肚子，他才知我有病，很同情地说："哦，原来你的身体被搞垮了，这怎么得了？"他一再要我注意治疗。皖南事变爆发后，邓拓同志对国民党反动派切齿痛恨，对我新四军阶级弟兄寄予无限关怀，他日夜注意消息报道，并亲自参加编报，沉痛而激动地说："我来写标题！"他提笔写道："向国民党反动派讨还血债！"并写诗文悼念新四军死难烈士。后来，我们优秀的青年记者仓夷同志被国民党反动派杀害，邓拓同志十分悲痛，在追悼会上讲话，他尽力抑制自己的感情，许久说不出话来。他慷慨激昂地控诉了国民党反动派的滔天罪行，激起了全场同志的怒火，誓为死难同志报仇。尤其使我难忘的是，有一年中秋节深夜，邓拓同志带领全社人马转移，走到河北省灵寿县北营村，突然和敌人遭遇，一时机关枪声和掷弹筒声轰鸣，邓拓同志的乘马中弹遇害，他自己险遭不测，全体人员分散离开险境，失去联络，直到第二天，大家才陆续会合。他看到我们几个老同志，便说："哦，你们回来了，好啊，我很担心你们。"这次事件，受伤、失踪和牺牲的同志约十人，邓拓同志悲愤万分，他那种怒不可遏的神情，我还是初见。过后，邓拓同志要我为死难同志安葬，刻立小碑。他在靠近坟墓的石壁上为死难同志题了悼词，以寄哀思。邓拓同志对战友们的深情，使人们永志难忘！

邓拓同志为人正派，光明磊落，疾恶如仇，知过则改，生活俭朴，廉洁奉公，严格要求自己，处处以身作则。他看到一些人作风不正派，坚决而有信心地说："这个，一定让他改过来！"过去每年年终时进行全社工作大检查，邓拓同志动员大家给他提意见，他听着大家的批评总是从容自若，冷静沉着，注意自觉改正缺点。

邓拓同志学识渊博，长于言辞，是一位出色的理论家、讲演家。那时，边区盛行学习理论，报社人员遇到难题讨论不下去时，大家就说，还是请老邓给讲讲吧。凡是听过邓拓同志讲话、报告的人，都认为他说理清晰，逻辑严密，卓有见解，善于发挥，充满说服力，富有鼓动性，给人印象深刻。在整个抗战时期，邓拓同志以他渊博的学识，卓越的才能，充沛的精力，豪迈的气魄，坚强的斗志，从多方面为党的事业做出了有益的贡献，受到广大干部、群众的称誉，他的功绩是不可磨灭的。

二

1945年八月，日寇宣布投降，抗战胜利了，我随晋察冀日报社迁移到张家口。邓拓同志除领导报社工作外，并负责中共晋察冀中央局宣传部工作。我被分配做书店工作，邓拓同志语重心长地鼓励我为革命学会做生意，要我学习邹韬奋同志白手起家办生活书店的精神。他经常过问书店工作，从书籍封面、内容到书店作风，从书店经营方针、范围到与作家、读者关系等，都严格要求。在他直接指导下，书店工作日有起色。为了便利读者，书店特设了阅览室，并派服务员招待。为了开展业务和宣传工作，书店印了大批书籍，通过组织发行到

北平、天津等蒋管区，并和各解放区书店联系，进行广泛交流。书店一时成为我党进入中等城市后第一个粗具规模的宣传马列主义的新书店。

中华人民共和国成立后几年，我在北京工作，去看望邓拓同志。他还和过去一样，亲切地接待我，无拘无束地畅谈一切。他问我为什么现在才进城工作，我说我打算在农村建设社会主义。他说："好啊！有主意。"他兴奋地让我浏览他珍藏的大批古书、古字画等，说他喜爱这些东西，有点钱都花在这上面了。我见他工作异常繁忙，但精神抖擞，始终不忘读书、写文章。1960年冬，我从北京下放到江苏徐州地区工作，特向邓拓同志辞行。他风趣地说："哦，那你是要到三国刘备待过的地方，要到刘邦的家乡，你要做沛公了。"真有趣，他又联系他的历史知识了。不曾想到，这次辞行，竟是和他最后的一别。以后几年间，我曾到扬州、镇江等名胜古迹地方游览，偶然看到邓拓同志的亲笔题词，字体刚劲挺拔、潇洒清雅，仿佛又看到了他本人。

1966年"文化大革命"开始，邓拓同志的罪名，劈头盖脑地从天袭来。我为他蒙受的种种恶毒诬陷鸣不平，曾因此以"邓党"受到批斗。我担心这种企图置人死地的压力，叫邓拓同志和他一家怎么受得了？后来，听说邓拓同志竟被"四人帮"迫害饮恨而死，令人无比痛惜！

祸国殃民的"四人帮"已被彻底粉碎。邓拓同志终于平反昭雪，恢复名誉。他的一生，是革命的一生，战斗的一生，光辉的一生。

1979年8月于徐州

邓拓和《人民日报》

《人民日报》记者

　　中华人民共和国成，30周年了。这30年里，我国的社会主义建设事业，有了伟大的发展，也经历了严峻的曲折和反复；作为党中央机关报的《人民日报》，也是这样走过来的。十几年来，《人民日报》的同志，怀念最深的，是与他们共同工作了8年的邓拓同志。他忠实地听从党中央、毛主席和周总理的指挥，实行政治家办报，为无产阶级新闻事业写下了光辉的一页。

一

　　那是1949年秋天的一个下午，一个身体瘦弱，彬彬有礼的中年人，由两个青年人扶着走下汽车，来到煤渣胡同《人民日报》的驻

地。认识他的人说，他就是邓拓同志，党中央派到《人民日报》的总编辑。

《人民日报》的前身，是《晋冀鲁豫人民日报》和《晋察冀日报》合并而成的《华北人民日报》。邓拓同志担任晋察冀日报总编辑时，一手拿枪，一手握笔，在炮火中写文章，带领大家坚持"八头骡子办报"。现在，他又发扬战争年代的光荣传统，在党中央领导下，把全部心血倾注于中央党报的建设。

那时，我们的国家正处在历史的大转变中。百万大军向中南、西南、西北英勇进军；清匪反霸、土地改革群众运动，席卷全国；新解放的城市和工矿刚刚恢复生机。如何根据党中央的指示，迅速反映国内外的政治形势，反映伟大的群众斗争，指导恢复建设工作，是《人民日报》面临的新任务、新课题。《人民日报》当时只发行9万份，平均每天收到读者来信只有42封。报社同志深感力量单薄，与报纸所应当承担的责任相比，担子是何等艰巨！

千头万绪，从何抓起？在长期革命斗争中有着丰富办报经验的邓拓同志，深深懂得，要办好中央党报，首先要解决的是办报方针问题。他在1950年4月间的一个工作总结中指出："要办好报纸必须联系实际，联系群众，开展批评和自我批评，这应该是人民报纸的方针，对于党报来说，更是唯一的方针。过去的经验证明，能照着这个方向做得好的，报纸就办得生气勃勃；做得不好的，或是离开这个方针的，报纸就办得奄奄一息，没有生机。"

为了贯彻执行这个方针，老邓和同志们经过不断探索，将原来编辑部按编辑、采访、通联业务分工的组织形式，改变为按照社会生活和党与国家的实际工作，进行业务分工。党的生活、工业、农业、文艺、国际、理论等组、部的建立，进一步加强了与中央有关部门的联系，密切了报纸与实际的联系，积极宣传党的路线、方针和政策，宣传党的外交路线，反映人民群众的呼声和要求，对党的各项工作和历次政治运动都给予有力的配合和推动，起了重要的指导作用。

邓拓同志十分重视马列主义、毛泽东思想的理论宣传，重视工农业生产和科学技术知识的宣传。他说：理论宣传必须密切联系实际问题和人民群众的思想状况，注意理论和实践的关系，注意政治和技术的统一，反对空头的政治说教。他坚决贯彻执行党的"百花齐放，百家争鸣"的方针，为繁荣党的文化艺术事业做出了不懈的努力。他到文艺组蹲点，还亲自兼任理论组的组长，领导大家认真读书，组织作者队伍，出题目，写文章，广泛地团结作家、艺术家、科学家、学者，引导编辑，记者努力把报纸办得生动活泼，引人入胜，使报纸成为党中央的得力助手，宣传马列主义、毛泽东思想的坚强阵地。

为加强报纸与实际的联系，鼓励大家到第一线上去，他说："编辑部工作的重点应在报社之外，不应在报社之内。我们要想出一切办法，把千万根线索伸展到群众中去！"

对于邓拓同志的这个指导思想，有些同志并不理解，说编辑部人手这样少，怎么派这样多人到下面去呀！有的同志主张集中力量在内部"把关"。老邓分析了内外形势，说服大家，要大胆放手地把大批编采人员"撒出去"！他说："不把报社的主要力量撒出去，就不能

了解党的政策在各地执行的情况，《人民日报》就不可能起到党的耳目喉舌作用，就不能改变现在的被动局面。"

接着，一大批从解放区来的能力较强的同志，从报社内部"把关"的位置上抽出来，担任派到各省、区的记者，到了第一线。与此同时，还在各省市选拔相当水平的同志担任特约记者。随着各地通讯网的建立，到1951年，报纸通讯员由200多人增至万人以上。大量的读者来信，也使报纸增强了群众的声音。

为使《人民日报》的工作尽快地适应党中央的要求，老邓响亮地提出："我们要拼命。我敢预言，我们拼命的结果，将会使我们的事业大踏步前进。"

那时，大家都有一股拼命精神。全报社包括工厂工人在内的366人中，编辑记者和资料人员112个人，里里外外，一个人要顶几个人用。

我们热爱的邓拓同志，是怎样工作和生活呢？他住在煤渣胡同后院狭窄的夹道里，三间平房几乎见不到阳光。后来，腾出房子，几次请老邓搬家，他还是不搬。他说："叫别的同志住吧！这比在农村打游击好得多。我经常上夜班，没阳光也不要紧！"

邓拓同志的父母远道从福建来到北京。一次，他的老领导、老战友聂荣臻同志前来探望，看见邓拓同志一家六七口人住得如此简陋，关切地说："你怎么住这样的房子呀？"老邓说："这里安静，我做夜班，对睡觉有好处。"

在这样没有阳光的屋子里，老邓日日夜夜"笔走龙蛇"，撰写文章，修改稿件，签发每天报纸的大样。繁重的工作使他的病更重了；他的腰间就是用钢骨架紧束着，也痛得不能起床，甚至大小便都要人照顾。即使这时，他仍在床上坚持工作，每天送到他身边的报纸清样、稿件，几乎盖满他的床被。夜餐送到床边，往往要热三四次。他的爱人丁一岚同志看到他那样瘦弱，还在忘我地工作，心疼地说："老邓呀，你要休息呀，老是这样干，怎么得了！？"老邓说："我的任务在身嘛！"他就是这样一个任劳任怨的共产党人，埋头苦干的政治家！

二

邓拓同志在办报工作中，总是遵循马列主义的普遍真理同中国革命的具体实践相结合的基本原则，坚持一切从实际出发、实事求是的观点和方法，及时反映社会主义革命和社会主义建设中的问题，因之，他很重视加强报纸的评论工作。他说："社论是表明报纸观点的旗帜。报纸必须有了社论，才具有完全的政治价值。""我们报纸的社论，是全党办报的重要结晶。"那时，撰写社论是报纸的薄弱环节。1949年一年，《人民日报》才有8篇社论。为改变评论工作状况，他要大家在评论和报道中，认真研究经济建设和实际生活问题。一方面宣传国家经济建设的指导思想，提倡什么、反对什么；另一方面，还要宣传领导作风，反对官僚主义，反对命令主义，反对违法乱

纪。他不但亲自撰写许多重要的社论，还热情地提倡大家动手写社论。有一天，老邓把整风问题的社论写作任务交给一个编辑。这位同志说：

"我是个普通编辑，怎么能写社论呀？"

"你为啥不能写社论？"老邓笑着说："不要把写社论看得那样严重。人都是逼出来的，要写……"

"要我写社论，你要谈谈怎么写才行。"

老邓马上把党中央关于当前整风的重要精神、整风中应当注意的那些问题，告诉了这位同志。社论写出后，老邓看了后鼓励说，不错嘛！马上作了修改，送交中央审查。胡乔木同志也认为那篇整风的社论写得不错。老邓随即把那位同志写社论的消息广为传播，并鼓励大家说：报纸的社论和评论，是每个编辑、记者都应当掌握的战斗的文字体裁，大家都要动手写评论。从此以后，报纸的社论、评论逐渐增加，到1954年，几乎每天都可有本报的社论或评论了。发表了评论，他要求一定组织反应。他说："就像石头投入海中一样，要引起浪花。不能像泥牛入海一样。"1956年7月，在中央领导和广大读者支持下，报纸进行了大胆地改版。提高了评论的质量，增加了各种体裁的文章，增加了工作问题和思想学术问题的讨论，使各方面的意见能够在报纸上发表。从内容到版面，都有显著改进和提高，受到广大读者的欢迎。

邓拓同志鼓励编辑、记者要有广泛的社会交往。到了上海，他问记者：你们除了接近工农兵，同鸳鸯蝴蝶派的人有来往吗？他指出记者应该多交朋友。有了各方面的知心朋友，就可能及时听到群众呼声，摸到群众的脉搏，并把他们的要求，反映到报纸上。

老邓十分关心大家的理论和业务学习。他说，没有业务上的基本功，就不能完成党的使命。正如文章的关键是内容一样，提高报纸质量，最根本的在于提高报纸人员的水平，在写作上做到"精耕细作"。1950年5月间，吕叔湘同志对报纸上发表的一些文件、文章的文法和语文修辞提出了批评。老邓马上写了一篇评论，对吕叔湘同志的批评表示欢迎，请他专门向编辑部人员讲语法修辞。为了便于吕叔湘同志研究稿件中的毛病，他还特地把没有发表的稿件送去，供他撰写语法修辞文章的参考。吕叔湘同志有关语法修辞的文章，对改进文风起了很好的作用。

邓拓同志身为《人民日报》的总编辑、社长，但他没有当过一天"新闻官"，永远以普通编辑、记者身份，满腔热情地战斗在新闻第一线上，废寝忘食地完成党交给的任务。值夜班，他常常从黄昏到天明。从版面的安排到新闻、评论的标题和内容，都一一仔细地推敲琢磨。有时遇到国内外重大问题需要报纸发言，他就从办公室直接来到校对科，一边写、一边发排、一边校对、一边修改，然后送审。他的一丝不苟的工作精神，既是指挥员又是战斗员的模范行动，深深激励着大家。

1957年底，他到宝成铁路采访。在西安一下飞机，就问陕西记者站的同志，手头是否有稿件要他看。一位青年记者把一篇7000字的通讯交给了他。尽管这天直至深夜他都在参加会议，了解情况，可是到

第二天早晨记者再见他时，通讯、新闻已经编好了。后来，他坐着轨道车，穿过秦岭、嘉陵江的悬岩绝壁，到达成都，不顾劳累，当夜通宵不眠，赶写出通讯《英雄的路》。随即他又以抱病之身，访问许多城镇、农村和古迹。他写了25首"川游绝句"，给记者题诗："毛锥动、彩云生、巴山蜀水若有情，展望高潮奔日夜，文章常助百家鸣。"勉励记者积极投身建设新生活的斗争。

<h2 style="text-align:center">三</h2>

1950年4月19日，党中央作出了《关于在报纸刊物上展开批评与自我批评的决定》。邓拓同志带领编辑部人员，坚决贯彻党中央的指示，积极反映群众的呼声和要求，吸引人民群众在报纸刊物上公开批评我们工作中的缺点错误，对党的各项工作和历次政治运动给予有力的配合和推动，起了重要的指导作用。整党、土地改革、三反五反运动中，报纸通过对于刘青山张子善贪污蜕化、王振海违法乱纪等重大案件的揭发和批评，以及先后发表的两千多篇自下而上的读者批评信件，发挥了报纸作为党和人民的舆论工具的作用，发扬了党内党外的民主，加强了广大人民群众对干部的监督，密切了党和政府与人民群众的关系。

在开展批评中，邓拓同志说，党的机关报必须有系统地说明党的生活中的重大问题，反对党内正在滋长的骄傲自满情绪、资产阶级个人主义，以及夸大个人作用、个人崇拜，破坏集体领导原则、党的纪律松弛等不良倾向。另一方面，他一再强调，写批评报道，必须进行周密的调查研究，必须在党委领导和监督之下进行，做到批评完全正确。他说，在报纸上进行批评与自我批评，要十分慎重，必须以严肃的态度来进行。如果批评得不适当，就会引起相反的作用。但是，对问题和情况经过深刻的多方面的研究，了解清楚了，就要坚决进行批评，"这种批评是任何力量无法抵抗的"。

1951年，一位省委书记来到邓拓同志家里。他的这位老战友谈到当前工作问题时说，这个时期，报纸对他们省的工作，连续发表三次重大批评，对高级干部的压力太大了。老邓很理解他的意思，回答说："这都是事实呀。我们不能违背党的原则！"

对于一些重大问题的批评，老邓都请示中央，亲自部署记者采访，亲自处理稿件，核查批评的事实是否真实、准确。即使这样，发表的批评稿件也难免发生这样或那样的缺点错误。有的虽有事实，但被夸大了，或者分析不正确，这就增加了被批评者抗拒正确批评的借口。老邓及时引导大家，严肃地区别对待各方面的意见，总结经验教训，纠正开展批评中的消极态度和急躁情绪，主动承担责任，对记者、通讯员采取坚决保护的态度。

有个时期，《人民日报》批评稿件少了，党中央对此进行了批评。邓拓同志在检查了没有在报纸上"进行经常的、严肃的、深刻的、热烈和勇敢的批评"的缺点之后，指出要提高报纸的党性、战斗性和思想性，就要按照党的路线，政策和党的原则，排除来自党内

外的阻力和干扰，继续在报纸上进行批评与自我批评。在党中央的领导下，1956年，报纸相继发表了批评有的省、市党代会不民主，一些领导干部有特权思想，有些省、市生产数字有虚夸现象等稿件。这些切中时弊的批评，触及了党和国家实际工作中的问题，推动改进了领导作风。这些本是正确的批评，后来受到责难。有的省委由于听不进正确的批评，掩饰缺点错误，压制民主，对群众疾苦漠不关心，给实际工作造成了极为严重的后果。后来毛泽东同志曾以历史上《霸王别姬》的故事，告诫那些压制民主的人，不要老虎屁股摸不得，如不改正错误，将来有一天会"霸王别姬"的。事实证明，一个共产党员，特别是党的高级领导干部，如不认真地接受群众的批评监督，不认真地改造自己，天天以改造者自居，以霸王自居，最后势必要走到"别姬"的地步。

报纸本身也需要批评和自我批评。《人民日报》经常受到党中央和广大群众的批评，有时是很尖锐的批评。邓拓同志说：党中央和广大群众，正是为了支持我们，所以才批评我们。他经常教育勉励编辑、记者，要正确地对待批评，从批评中汲取营养，提高觉悟，改进工作。只要能够正确地对待批评，就会有长足的进步。

报纸遇到批评的时候，特别是受到党中央批评的时候，老邓总是严于责己，宽以待人，主动承担责任，不使别的同志感到压力。1956年孙中山先生90诞辰，报纸刊登了邵力子先生纪念中山先生的文章，标题字小了些，版面处理也不显著。当天，在全国政协开会时，周总理问：邓拓同志来了没有？老邓当即站起说，来了。周总理当众批评：为什么把邵先生的文章放得那么低？你们对民主人士的文章，就是不重视。老邓说："我疏忽了，以后一定改正。"回报社后，他只是从正面说，要重视民主人士的文章，并未责备编排版面的同志。有人问他，他说，在工作中注意就行了，何必让编辑同志紧张呢！

邓拓同志善于独立思考，决不随波逐流，同时又严守党的纪律，具有坚强的党性和原则性。1957年，邓拓同志在全国最高国务会议上，听了毛泽东同志《关于正确处理人民内部矛盾的问题》的讲话以后，回到编辑部立即作了传达，并且制订了宣传计划，赶写出两篇文章，送交中央审查。面对复杂的政治斗争和思想斗争，邓拓同志深深懂得，作为党中央的机关报，既需要闻风而动，更需要冷静的思考和观察。他说："我们是中央党报，一切都要听中央的安排和指示，不要街上锣鼓一响就出来。"当有的报纸率先开始鸣放的时候，在最初几天内，他确是按兵未动，等待指令。历史证明，正是由于邓拓同志的高度纪律性和坚定性，在风云变幻中保持了冷静的头脑，才使《人民日报》的同志避免了许多政治性的错误，坚持了正确的政治方向。

四

邓拓同志在《人民日报》时常说：我们的作风必须是党的作风。他要求大家充分认识自己肩负的重大责任，按照中央党报的性质和任务，加强党性的锻炼。他更是勤奋读书，带头实践，密切联系群众，

做发扬党的三大作风的模范。

读书是为了实践，为了做好工作。党中央当时号召大家读书，我们许多同志对读书往往觉得是件苦事，读不进去。老邓针对这种情况说："读书要养成习惯。要读书，就应该拿起书来，一字一句地读下去。要有发愤之心，否则，将是一事无成。"老邓学习孜孜不倦。平日工作累了就读书，读这本书累了换那本。往往是一边吃饭，一边读书，连洗脚也看书。他通晓马、恩、列、斯和毛泽东同志的著作，并且系统地作了摘录。他认为：古今一切有成就的人，都很严肃地对待自己的生命，不虚度年华。他自己深夜读书，也动员大家把夜间充分地用于学习，不要浪费。他用汉代文学家刘向《说苑》中的故事劝大家。晋平公问师旷曰：吾七十，欲学恐暮矣。师旷曰：何不秉烛乎。老邓经常秉烛工作和读书。有人说，老邓是个"书生"。正因为他是通读马列主义的"书生"，所以才能写出那样多的好文章。

历史越反复、曲折，老邓的品节与他的文章越能焕发光彩。老邓主持《人民日报》工作期间，在党中央正确路线指导下，报纸对指导土地改革、镇压反革命、抗美援朝、三反五反，农业合作化、工商业改造以及知识分子的思想改造，起了重大作用，成为党中央的得力助手。在那八年中，邓拓同志亲自撰写的《必须大张旗鼓地向农民宣传过渡时期的总路线》《向社会主义工业化的道路前进》，或修改的社论、评论，经毛主席审阅的有46篇，经周总理审阅的社论、评论有153篇，其中不少受到党中央的称赞，对党的新闻宣传工作，做出了重大的贡献。

　　老邓在工作中，继承了我国伟大文学家鲁迅的战斗传统和革命文风，勇于大胆创新，坚决反对主观主义、形而上学的各种歪风邪气，挥笔痛斥那些说大话、说空话的人。《伟大的空话》《废弃庸人政治》等杂文，尖锐地批评那些不着边际的空谈家，鞭挞那些追求表面形式、贪大喜功、脱离实际、脱离群众的不良倾向。他和江青几次接触，便认出江青是个"有蛇蝎心肠的人"。对江青、张春桥之流的认识，真是入木三分！邓拓同志这时真可谓：

　　　　带长铗之陆离兮，冠切云之崔嵬。

　　邓拓同志是个通晓中国历史的人。他为了研究中国资本主义的萌芽问题，翻遍了全国2000多个县的县志，还深入到门头沟调查五六次，带病下到煤井深处，爬过深坑窄巷，访问工人。仅在门头沟矿区就找到一百多处明朝万历年间的煤窑遗址，收集到大量的文书、契约，掌握丰富的第一手材料，有力地证明了明代万历年间已有了资本主义的萌芽。

　　老邓在工作之余，还广泛地进行社会调查。他为了认真了解党的政策执行情况，什么地方他都去调查。北京的王麻子剪刀铺、宣武门前牛肉馆、六必居酱园、琉璃厂的书店等，都是他常访问的地方。一天深夜，他独自一人步行到崇文门外去看夜市。毛主席提到"葡萄常"，他就去"葡萄常"调查，并很快地写出通讯。他去山东，去新疆，去湖北，去四川，去到那里就是看到一块瓦片，看一幅图，看一

出戏，也能很快写一篇动人的文章。

邓拓同志博学多才，是知识渊博的马克思主义者，又是才华横溢的诗人。他写的500多首诗词，清新深邃，用优美的笔触，浓郁的感情，抒发着对祖国和人民的热爱。更为可贵的是，他从报纸宣传出发，为活跃版面，创造"诗情画意"和"一诗一画"，随画题诗，歌颂山川雄伟灿烂，人民机智勇敢。请看给一幅《水乡》画题的诗吧："万顷绿波自作田，荷风初起鲩鱼鲜。脱来撒网湖中去，摇漾星华落满天。"寥寥几笔，就那么动人地将读者引入美丽的境界。

忠诚的无产阶级革命战士邓拓同志，为人刚直不阿，作风正派，光明磊落，平等待人，善于发扬民主，团结同志。来自五湖四海的《人民日报》干部，大家紧密地团结在他的周围，自觉地听从他的领导，从内心里尊敬他，热爱他。

《人民日报》的同志都亲切地称呼他"老邓"，有事情都愿意找他，向他谈心里话。在林彪、"四人帮"一伙的迫害下，邓拓同志于1966年5月18日含冤逝世。他的逝世，使我们失去了一位老领导、老战友、老同志，是我们党的事业，特别是我国新闻宣传事业的重大损失。我们要学习邓拓同志高尚的品质，优良的作风，努力把报纸办好！邓拓同志不朽！

邓拓同志与《前线》杂志

李 筠

原中共北京市委的理论刊物《前线》半月刊，创刊于1958年11月25日，1966年4月被勒令停刊，前后历时七年有半，共出刊154期。

它的历史，是一部宣传和捍卫马克思列宁主义、毛泽东思想的战斗史诗，同时，也是一出壮烈的历史悲剧。《前线》，在邓拓同志的主持下创刊；《前线》，在邓拓同志的哺育下战斗成长；《前线》，在邓拓同志的率领下同林彪、"四人帮"进行了殊死的斗争。邓拓同志费尽心血浇灌了这枝革命的花朵，最后以身殉职，为它献出了宝贵的生命。邓拓同志的名字永远同《前线》杂志联结在一起，这与他同《晋察冀日报》的关系一样。没有邓拓同志也就没有《前线》的奇异光辉。所不同的是，《晋察冀日报》是以喜剧的形式结束，而《前线》，却以悲剧的形式告终。现在，这一千古奇冤终于昭雪了，但是，抚今追昔，怎不令人悲愤交集，感慨万千呢？！

严师益友

1958年11月2日，党委通知我调《前线》编辑部工作，第二天向市委书记邓拓同志报到。解放初，我虽然多次听过邓拓同志报告，但是，同他并没有直接接触过，心情免不了有点紧张。10月3日上午9时，当我踏进邓拓同志办公室的时候，得到的是热情的接待。他同我聊天，询问我的学历和工作，关心地了解当时大学里教育改革的情况，给我讲解为什么要办理论刊物，以及工作的要求。逐渐地扯起了对古代作家的评论，谈论"三李"的各自创作风格。他指出：你们文学系编写的中国文学史大纲，不应只注意思想性的分析，也应充分地论述作品的艺术性和作家的艺术风格，比如李贺的诗，艺术上就有很高的造诣。这次谈话，给我的印象很深刻。邓拓同志对同志的和蔼可亲，学识渊博、文雅可敬而又思想深刻。对我当时思想上的片面性，确是一次及时的指正。但是，在以后的接触中，我才体会到另外一方面，邓拓同志对工作的要求是很严格的。比如说，11月11日开了编辑会议，分工组稿，20日就要截稿付印，不到十天的编辑时间，创刊号就问世了。邓拓同志以身作则，为我们作出了榜样。他负担了主要的组稿任务，并亲自带我们到排字房校对拼版，直至签字付印。他指出，办党的理论刊物，一定要严肃对待，哪怕是任何一个技术上的问题，都带有政治性，一点也不能马虎。记得有一期已签字付印了，他发现一篇文章的技术编排有问题，立即通知推倒重来。这次虽然报废了几万份，但是，却给了我们极深刻的教育。还有一次，邓拓同志把编辑召到他的办公室，指定每人写一篇文章，两个小时交卷。这一次突然袭击的考试，表明了他对编辑的严格要求。

邓拓同志一再强调，《前线》发刊词是整个刊物的基本指导思想，同时也是编辑部工作的准则。任何工作都必须以可能达到的最高标准来要求自己。他主张雷厉风行，反对松松垮垮。

在很长一段时间里，编辑部工作人员只有六个人，从出题、约稿、改稿、写稿、发排、校对直到付印全包了，每月保质保量的出两期，确实够紧张的。我们多次反映人手太少。但是，邓拓同志强调，兵在精不在多，编辑必须努力提高自己。他提出，每个编辑必须做到"三勤"：勤读，勤跑，勤写。既要提高理论水平，又要了解实际，深入生活；既要具有广博的知识，又要有较高的写作能力。他主张每个编辑都应该是"拼命三郎"，做党的"小毛驴"。当刊物需要的时候，无论点到什么题目，都要能开个夜车写出来，像小毛驴一样，为了党的需要套上磨拼命地拉个不停。这就要求在平时多读书，多接触实际，多积累材料。邓拓同志号召大家树雄心，立壮志，要有所作为。他说，天地广阔，任你各显神通。但要毫无个人私心，不要有任何个人主义，死心塌地钻进去，为了党的事业，终究会有成就的，不会埋没人才。我们的理论学习、工作、调查，都挂在革命的账上，每一件事都直接关系到革命，于革命有益。我们搞研究、学习，写作，都是为了摸清客观规律，何必有私心？野心不可有，雄心不可无。编

辑的质量提高了，刊物的质量才能提高，这是编辑部的基本建设问题。邓拓同志这样要求我们，他自己更是这样做的。作为市委书记和《前线》的主编，邓拓同志从来不当"新闻官"，没有一点"编辑老爷"的作风。他写社论，写论文，写"夜话"，写"札记"，写诗，写文艺评论，孜孜不倦，从不停笔。在创刊后的一个时期里，每半月一篇社论，都是他亲自写的。七年半来，每一期任何大小稿子，他都要亲自审改批发。

邓拓同志对培养干部非常关心。他把着手教你如何联系作者，如何采访，如何改稿子，写文章。记得有一次他把我叫到跟前，当面批改我写的一篇文章，边改边讲，连一个标点符号也不放过。还有一次，他带着我去采访一个街道工厂，亲自谈话，对工厂作了详细的察看采访后，又帮助研究写通讯和配发评论的主题，具体地出了点子。在这样热情指导下，确实使我受益匪浅。

邓拓同志不仅是我们的严师，而且在生活上也是我们的益友。他带我们逛公园，访古迹，看画展，谈古论今，随时传授知识，丰富文化修养。邓拓同志是作家、诗人，又是书法家。他常常为编辑部的同志挥毫题字。遗憾的是，这些珍贵的墨迹，在"文化大革命"中都被作为罪证抄缴了，至今下落不明。

创出一条路子来

邓拓同志在《燕山夜话》里曾写过《欢迎杂家》。在编辑部里，他曾多次提倡和解释过杂家精神，要求《前线》创出一条自己的路子，具有独创的风格。"文化大革命"中，文痞姚文元随心所欲地诬称："这个'杂家'，就是那些没有改造好的资产阶级分子、地主阶级分子及这些阶级的知识分子，就是一小撮政治面目不清的人物，就是地主资产阶级'学者'之流的反动人物。""他们以自己的'知识'为资本，正在拼命混进来或爬上去，篡夺各级领导岗位，改变无产阶级专政的性质，为资本主义复辟准备舆论。"他还说什么杂家精神是《前线》的总纲领。于是，《前线》被迫停刊了。

究竟什么是《前线》总的指导原则？什么是杂家精神？邓拓同志办刊物的主张是什么？

《前线》发刊词开宗明义地指出："《前线》是北京市委主办的理论刊物。它将用毛泽东思想即马列主义普遍真理跟中国革命和建设的具体实践相结合的思想，用不断革命的精神，指导自己，努力使自己成为北京市党的组织及时地反映现实，指导实践，改造现实的思想武器。"《前线》在七年半中，始终不渝地贯彻执行了这个基本方针。

邓拓同志经常指出：《前线》是市委的理论刊物，它的基本任

务，就是理论联系实际地宣传马列主义、毛泽东思想。他强调：刊物是政治思想斗争的武器，贯彻党中央的意图要特别灵敏。邓拓同志规定，要以发刊词为准则来取舍稿子。

怎样具体地贯彻刊物总的指导思想呢？邓拓同志指出，刊物要具有"五性"：理论性、地方性、时事性、知识性和战斗性。

《前线》是地方性的理论刊物，因此它必须有强烈的理论色彩，必须反映和指导北京市的实际。理论性与地方性的结合就是要理论密切联系实际。邓拓同志再三指出，刊物要经常宣传马列主义的基本观点，经常宣传党的最根本的观点。不仅每期要有较高质量的理论文章，而且每个栏目都要有理论色彩，结合实际阐述某一个基本思想。七年半中，《前线》举办了许多马列主义基本理论的讲座，长期连载，给读者以基础的理论知识。例如，《社会主义经济问题学习纲要》《资本主义经济问题学习纲要》《逻辑漫谈》《政治理论常识讲座》《社会主义革命学习笔记》《党的建设问题讲话》《共青团生活》《社会主义工业管理问题讲解》等。邓拓同志指出，《前线》应该代替过去《学习》杂志的作用。理论刊物最好有固定的理论讲座栏目，使读者了解刊物的基本内容，可以系统地学习。这是联系固定读者的好方法。应该肯定，《前线》在普及马列主义基本理论的宣传上，做出了应有的贡献。

邓拓同志一贯强调理论必须紧密地联系实际。他多次指出：联系群众和联系实际，应该是编辑部的工作作风。邓拓同志有一个著名的口号："决战于编辑部门之外"。他说：关门办刊物，一定要脱离群众，脱离实际。编辑至少要有三分之一的时间在下边，直接了解群众政治生活中的问题，跑工厂，跑农村，找人谈话，把北京市的情况摸透，用各种形式反映从实际中来的思想动态。针对这些问题写理论文章，从实际中提出问题，以理论指导实际工作。每一期都要有特色，有点实际的东西，恰当地说明一些观点。要及时地运用新材料，有新观点，出新点子。要抓第一手的材料，抓住典型问题进行研究。通过典型讲理论才能生动，才能避免教条主义。他十分强调，北京市的理论刊物要同北京市的工作密切结合起来。要从实际出发，深入调查研究，不要根据什么风来办事，而要根据实际。邓拓同志曾形象地指出，搞理论宣传，千万不能像"武大郎攀杠子"，上不着天，下不着地，脱离实际。

关于时事性，邓拓同志要求刊物办《半月时事》的固定栏目，每一期都给读者讲点国际形势，引导大家关心国内外大事。凡是重大事件，都不要漏掉。写法是大事记加评论，有观点，有材料，夹叙夹议，文字精练，一个页码，内容短小、扼要；要常年坚持，积累一套材料，谁要作时事报告，拿来就可以用；学校要举行时事测验，它就可以作为复习教材。总之，要帮助读者读报，辅导读者对国内外大事有正确的观点。除《半月时事》外，还有《国际随笔》等栏目。

邓拓同志办刊物的另一个主要指导思想，就是一定要有知识性。他主张，刊物要开辟多种栏目，给读者以广泛的知识教育，包括中外古今，天文地理，文史哲经。1963年11月25日，邓拓同志在《前线》创刊三周年的编辑部会议上说：我曾经有一个兴头，办一个杂志，办个"杂家旬刊",十天出一期,八个页码,半张报纸,每篇文章不超过千字,内容是什么都讲,一字不空。要政治,整个都是政治眼光贯穿着看,但是要生动。不是光为了给人一些知识,而是广泛谈论一些问题,使人从中吸取一些有用的东西。搞出来的东西,要字字是炮弹。后来,他指出,现在可以从我们的刊物中拿出五分之一的篇幅,把杂家的灵魂加进去。邓拓同志号召大家要当杂家,刻苦地学习各种知识,博览群书,接触三教九流。他认为就是要杂七杂八,只要有马列主义的根底,就不怕杂,不怕乱。在邓拓同志的倡导下,《前线》先后开辟了多种知识性栏目,如《知识小品》《小资料》《学术资料》《学术动态》《问题解答》《读者信箱》《技艺话丛》《术知缘》等,为读者提供了广泛的知识,受到了读者的欢迎。这样,《前线》逐步创出了一条路子来,形成了自己的独特风格。它首先具有很强的政治性和理论性。《前线》自创刊以来,每一期坚持发一篇社论,宣传党的方针政策,指导北京市的工作;每期都有几篇理论文章,阐述马列主义的基本观点,还有连续刊载的理论基础知识讲座,系统地宣传马列主义、毛泽东思想。其次,与每一期中心相配合,有一系列的专栏文章,提供资料和知识,使理论与实际,观点与材料紧密地结合起来,做到绚丽多彩,生动活泼。

在邓拓同志的指导下,《前线》还形成了一个鲜明的特点,就是具有很强的战斗性。《前线》从一开始,就敢于干预生活、敢于接触现实生活中的大量思想问题。它先后开辟了《思想评论》《思想杂谈》以及《三家村札记》等栏目,用杂文的形式,同各种资产阶级思想和不良倾向作斗争。例如创刊初期，邓拓同志组织部分编委和编辑人员，成立思想评论小组，定期开会议论党内外带有倾向性的思想问题，拟定题目，以"石思平"（即市委思想评论小组）为笔名，连续发表思想评论文章。后来，杂谈思想的文章就更多了。邓拓同志一贯主张：要采取积极精神，刊物要干预生活，敢于发表意见，这样才有指导性。当然，这不是好为人师，乱舞指挥棒。邓拓同志的思想是敏锐的，他坚持实事求是的原则，对当时冒出来的不良倾向，进行了抵制和斗争。他指出，古人说："朝闻道，夕死可矣。"我们为真理而斗争，为何不能为追求这个道——真理，为了寻求客观规律而献身努力呢？

《前线》的实践表明，所谓杂家精神，就是高度的理论性与广博的知识相结合，就是以政治观点统率丰富的材料，就是敢于用鲜明的战斗精神干预生活。一句话，就是理论与实践的统一。这有什么错误呢？让我们重温一下列宁在《共青团的任务》一文的教导吧："只有用人类创造的全部知识财富来丰富自己的头脑，才能成为共产主义者。"

最后的搏斗

在黑云压境城欲摧的1965年冬到1966年春，《前线》在进行着生死存亡的搏斗。邓拓同志为捍卫马列主义的纯洁性，为维护真理和正义，坚韧不拔地进行了曲折复杂的斗争。

　　1965年11月11日，姚文元的黑文《评新编历史剧〈海瑞罢官〉》出笼。邓拓同志明确表示，作为学术问题，可以充分地展开讨论，但是，上纲为政治问题是不对的。吴晗同志说，如果是讨论对海瑞的评价，我可以奉陪，写文章参加争鸣。而姚文元扣政治帽子，我只有保持沉默，以示抗议。试问，我的文章开始写于1959年，怎能未卜先知地影射1962年才发生的单干风和翻案风呢？面对着江青、姚文元、张春桥的威逼和强大压力，邓拓同志仍然坚持党的优良传统，正确地区分学术问题与政治问题的界限，维护党的思想理论斗争的正确方针。他指出：《海瑞罢官》首先要作为学术问题来讨论，培养良好的风气。要把不好的风气慢慢地扭过来，在真理面前人人平等，都有发言权，不是一批评就不得了，就有变天的危险。过火的批评要纠正，不能一棍子打死。邓拓同志感到，这场斗争有着复杂的情况。他曾指出，演海瑞戏的何止《罢官》？上海就有《海瑞上疏》《海瑞背纤》，为什么只批判北京的戏呢？他怀疑这里头可能有名堂。邓拓同志顶着强大的压力，不随风倒，不存在任何侥幸心理，不做无原则的交易。关锋受那个理论权威的指使，跑到邓拓同志的办公室来施加压力，被邓拓同志顶回去了。

　　邓拓同志对《前线》刊物依然办得很精心，并不因外部的干扰而放松自己的职责。他指出，我们要严格地要求自己，我们的刊物有缺点有错误，这是不可免的，要欢迎人家批评，更要主动作自我批评，改正我们确实存在的缺点错误，努力提高刊物的质量。他要我以编辑部的名义起草一篇总结经验，作自我批评的文章，准备发表。1966年春，邓拓同志提出了一整套改进刊物、提高质量的方案，主要的精神是要战斗化、通俗化，密切地联系群众，文章要从群众中来，又要念给群众听，彻底改进文风。他强调要突出地抓典型，抓有普遍意义的新经验，新事物。1966年3月下旬，那时空气已相当的紧张了。记得我到他家送审第六期（也就是最后一期）社论，邓拓同志仍然镇定自若，拿起笔来，聚精会神，一丝不苟，详细地加以批改，并且具体地设计了这一期的内容和形式。

此后，邓拓同志被迫脱离编辑部的工作写检查了。在4月6日的检查会上，开会前，邓拓同志默然地坐在那里。我顿时感到一阵凄凉，功臣受过，却是为何？我默默地走过去，倒了一杯开水，轻轻地放在他的面前。他转向我，深情地点了点头，眼里表露出复杂的感情：是镇定，又有点惆怅；是自信，却隐约挂着一丝委屈。但是，我万万没有想到，这次会上的会面竟成永诀，以后我再也没有见到他。不久，我也被专政而进了"牛棚"。邓拓同志的死，我毫无所闻，大概是需要对我这同案犯——"三家村反革命集团"的联系人实行封锁的缘故吧。当家里人偷偷告诉我邓拓同志噩耗的传闻时，已是朔风凛冽的1966年冬天了。

人去楼空奈何天。但是，邓拓同志的革命精神是不死的；他用心血和生命培植的《前线》杂志将作为历史的见证者，永远流传于人间。

1979年12月28日

陪同邓拓同志考察

陈毓龄　宋雅琴

　　1954年4月间，担任党中央机关报人民日报社总编辑的邓拓同志，在编辑出版任务极为繁重的情况下，几次到京西矿区进行了考察，目的是研究关于确立中国资本主义萌芽时期的历史课题。对于中国资本主义萌芽时期的确立众说纷纭，有人说"中国资本主义萌芽时期远在南宋末年和元朝初年"；有的认为"在明朝初年就出现了资本主义"；也有人说"资本主义的萌芽是在明朝的正德、嘉靖年间开始出现的，明朝的嘉靖、万历年间是中国资本主义萌芽最明显的转折阶段"；还有的人根本否认明朝后期清朝初期有资本主义萌芽因素，如此，等等。对于有关中国社会历史发展的这个命题，邓拓的态度是：关于这个时期问题去今不远，我们还可以找到当时遗留下来的许多典型厂矿的契约、文书，等等，以补充史籍记载之不足。对京西这个地区的煤矿业进行实地考察，走出去，眼睛向下，深入社会，作调查研究，访问接触煤窑行业的当事人，采取史籍研究和实地调查相结合的方法，以大量资料为基础，用马克思主义的立场观点和方法加以综合、分析和整理，使问题得到明确、具体的解答。明万历二十四年以后，神宗派出大批太监到全国各地去开矿，民间的工矿业活跃起来，给了资本主义的发展以许多便利。当时北京西山门头沟地区在元朝已经有封建官府征工开采的煤窑，到了明朝中叶以后开始出现了民间的采煤业，门头沟出产的煤炭一开始就直接供应北京城市的需要。从万历年间起，这一带的煤窑逐渐出现了为数众多的民窑，至万历三十一年，这里只有一二座官窑，至乾隆二十九年的时候，仅仅只有官窑一座，其余尽属民窑。民窑的开办、开采资料在国家档案文献中是没有的，即使有些遗存、保留下来的也一直散落在民间私人手中。历史已成过去，究竟还能不能挖掘出来以反映它的真实面貌，这就是邓拓几下京西矿区来的根本原因。

一

1954年4月，邓拓携带中共北京市委的介绍信，先后四次来到京西矿区。区委书记景振洋、区长龙文耀都亲自接待了他。首次来，邓拓向区里领导说明了来意，并说："江西景德镇和唐山的瓷器，门头沟、长沟峪的煤窑，在中国漫长的封建社会中，这些民间手工业、窑矿业的发展，都有着一段曲折发展历史，京西煤窑的存在、发展恐怕更为久远了。"龙文耀向邓拓介绍了过去京西矿区的社会状况及星罗棋布的私人小煤窑概况。当天，领导责成由门头沟镇与区政府矿务科派人协助，当向导，就这样，协助和陪同邓拓考察的任务就落到傅长友和陈毓龄身上。门头沟镇长傅长友简单地介绍了情况后，陪同邓拓看了几处，到开过煤窑的老户人家里访问。矿务科工程师陈毓烬介绍了有关小煤窑管理、煤田分布及地质煤层概况。他说，京西矿区主要有个煤田：一个是门头沟九龙山向斜煤田；一个是斋堂庙安岭笰髻山向斜煤田，这两个煤田在王平口衔接；另一个是房山长沟峪杏园北岭向斜煤田。头门沟煤田在地质构造上属于九龙山向斜地势，西高东低，向东倾斜在孙桥有一扭断向东南呈扇面扭转，至圈门大三间又折回向东北，上部成直立。煤层露头西部明显，东部覆盖，煤层最早由梁桥圈门附近兴起，沿煤层露头开做。后来因不能治水，始往高处退移，直至南台喜鹊窑，由官厅、骆驼鞍、韩家沟、黄家窑沟、沙土地、天桥浮、金城窑沟、马家峪沟、蔡家地、圈门后台南北坡至大三间这些窑青煤二磁以上各层全部相通。

民国初期水场兴起，由西向东移到河南街。日本投降后，又发展到大峪沟、城子西坡一带，老窑新窑不下五百座，最多年产煤达百多万吨。

煤层的情况一般说十三层，门头沟叫十三硐（音贤）。如下表：

煤层名称	煤层厚度	层间距
小白煤硐	0.3 米	20 米
子几硐	1—3 米	50 米
黑煤二硐	0.7—1.5 米	35 米
黑煤大硐	2—6 米	29 米
腰石硐	0.3—0.7 米	55 米
明煤硐	2—5 米	22 米
老鹳硐	0.1—0.3 米	11 米
上中硐	0.5 米	22 米
下中硐	0.3—1 米	29 米
扫帚硐	1.5—3 米	28 米
扫帚下硐	0.3—1.8 米	83 米
青煤二硐	0.3—0.5 米	5—23 米
青煤大硐	3—10 米	

这十三硐，煤质最好为明煤硐，灰分低易燃无味，最受欢迎，价值最高，开采亦最盛；青煤大硐、青煤二硐灰分较高，含硫多，煤质较次。

考察访问，完全是根据邓拓提出的要求安排的。陪同他看了河滩增产路上边的那段长约三百米的水沟——明沟，到了天桥浮、窑神庙、净明寺。这几处都有石碑可考察，每个碑他几乎逐个地都看了。

天桥浮、窑神庙的碑有不少早已被损坏，他说很可惜。

圈门北坡、岳家坡、西樊地沟的早已坍塌不堪的破庙——净明寺，那里有一座碑，往日没有人注意，邓拓却看了又看，擦清上边的泥土仔细观瞧，并把上边的碑文逐字记下。那石碑是明英宗天顺二年立的，碑文中有这样一句话："敕赐净明寺在顺天府宛平县玉河乡西山大峪窑之地。"由此看来，大峪村旁在明朝确有官窑，以碑为证。

开始访问时，首先到圈门街里老窑主阎锡珍家进行访问，这是圈门里有名的人家，阎老先生住的仍是自己旧宅两套院子，里院是先生的住处。邓拓走进宅院，询问老先生高寿，阎老先生是清光绪六年（1880年）出生，当年73岁了。阎老自我介绍说，他的祖先是山西洪洞县白河口的人，卖棉花为生，兄弟二人在门头沟落脚，后来就定居于此地。后分东西阎家，西阎家是开煤窑及金店行；东阎家有地庄子，至今已经九辈了。后来东阎家也开煤窑，由地混窑，窑买地、地做窑，阎子仁便是东阎的代表人物。阎锡珍是西阎，辈辈开窑，其曾祖父在圈门外开办窝瓜窑。阎先生当时还对邓拓说了许多关于历史上关于大人私访的事，他的曾祖父在圈门外开办窝瓜窑，朝廷派人干涉，就是由于于大人私访而被杀头的。在民国初西斜井开矿占地迁坟时，有三个老坟，其中有一个坟墓内是个没有脑袋的尸体。

当第二次再访阎锡珍老先生时，阎先生讲了许多开煤窑的事，并拿出阎家的家谱交给邓拓同志看。第二次从阎先生家出来后，又去了石港西山沟，那是阎家的祖坟地，还有一座破庙，有座碑。从西斜井迁坟那个无头尸就迁到这处祖坟地了。

邓拓两次访问了圈门当地驰名的马二先生。马二先生原籍天桥浮村人，后来搬到圈门住的，住的是龙王庙邻西的小院里在他家，马二先生讲述了自己的家史和开煤窑的事。马二先生叫马绳初，他祖父是个有学问的人，是翰林，曾出任山西省道台（省级官职），在那个时代"做官不亏心不行，亏心对不起老百姓"，"不如不做官"，后来，他辞官不做了，回乡后便搞窑业。并让他儿子、侄子也不要做官，即使卖着吃，也不让做官。马二先生的父亲和叔父文笔都不次于翰林，当年窑神庙的碑文是他父亲写的。邓拓与马二先生谈得非常热烈，他俩论文谈史，颇有兴致。

第二次重访马二先生时，根据邓拓的要求，老先生找出家中保存的几件窑契，特别是他叔父马锡光画的那幅《门头沟矿区老窑图》，亲手送给邓拓同志。

调查访问重点是老窑主和煤窑作头。在京西矿区这一带窑上窑下知道的事多的老人，如孙国祥、马瑞福、焦维荫、孙二庠等人都分别进行了访问。

在几次调查访问中，对煤窑的经营、开采出煤量、窑与窑之间的关系，窑的契约、纳税，曾发生过什么事件都作了较详细的调查了解。

邓拓同志在考察、访问过程中，每到一处都强调并说明每个家庭或个人手中保存的老窑契约、账本等物都很有用。根据他的嘱托，我们向有关人员作了些思想动员，这些绝大部分存在私人手中的窑契、合同、窑图等珍贵资料，出人意料的是不少老人主动热情地为邓拓同

志收集，人们都愿意把自己手中保存的契约文书拿出乃至捐送。

阎锡珍老先生将家中保存多年的那个小木匣子从房檩上取下，拿出二十多件窑业文书资料，亲手交给邓拓同志，西辛房焦家的家谱一般是不给外人看的，即使是姓焦的也还有些人是不曾见过家谱的。但是，焦家的人很高兴地把家谱拿出借给我们用两个星期。兴民窑的会计孙耀章先生家里积存的窑契、合同一次就拿出二十件。有的人家把这些资料存放在箱子底下，几十年从未动过，也有的人家存放在村外甚至城里的，设法纷纷找出来交给了我们。原窑业联合会的送信工友张文波也积极帮助收集各种资料。

由于邓拓亲自登门拜访，在群众的理解、信任和支持下，很快便收集了旧窑契合同文书及诉讼状达一百五十多件，窑图和影印窑图两张，家谱一册。有些资料是邓拓当时亲自收集拿走的，还有两次是陈毓龄、王善祥进北京给邓拓同志送去的。

二

关于明朝的官窑与于大人私访的问题。

1.明朝的官窑。据传说明朝时期，这里开有官窑，像大峪河滩中有一段长三百米的水沟，就是明朝官窑挖制的泄水沟，后人称之为"明沟"。还有煤窑上习惯称柜房叫"官中"，作头房称作"头馆"，还有什么大司房，等等，这些都是明朝遗留下来的名称。

　　但是，一直没有发现或明确指出哪里是明朝开的官窑，在窑下爬老空老塘的老作头们也没谈过在门头沟哪里是明朝遗留下的窑界或工程（卷、坝斤、车房等）。尤其是窑口，因为它是官窑，没有山主之说，也没有旧业之说，只能作为公产。什么窑年久坍塌也应留下遗迹，一般窑脖子塌落还有拔道口塌坑、房山墙基，这些均未见到。

　　由于邓拓同志的到来，把考察与史籍研究结合了起来，使得我们进一步重新了解了历史。根据查证明史《神宗实录》第381卷记载顺天府尹许弘纲的奏疏说："直勘官窑仅二座，其余尽属民窑。"据《畿辅通志》记载："乾隆二十九年只有煤窑一座。"当时官方典籍只记官窑，而不记民窑。但至清朝光绪年间刊行的《顺天府志·矿厂》条下，其中列举了宛平煤窑九十九座，都是门头沟的民间煤窑。官窑早在乾隆年间已近尾声，而民窑众多，已不成比例。因民窑在经营管理和技术上都要超过官窑，民窑是千打垒式的精打细算，一个人要顶三个人用。在技术上，窑下工程负责的作头随时都在考虑窑下拉道、治水、通风几个问题，要增加生产，否则便不能存在而官窑是由太监管理，没有经验，完全是外行，经营管理上，人员多，铺张浪费多，工程技术上较民窑差，因官窑有权势，作头也成了官，不用下窑苦心钻研，所以民窑一经开发，就越来越多，乃成为供应畿辅煤炭之主力，占有重要的地位。而官窑越办越小，窑下范围亦因民窑多而越来越小，窑下采区还渐被民窑包围，把水都挤进官窑，官窑只有排水的份儿，而出煤并不多，只顾地面残酷收租收税，不管井下生产，最后只有停采，年深日久连遗迹也荡然无存了。

2.于公案——于大人私访。《于公案》是一部脍炙人口的评书小说,是发生在门头沟煤窑的一桩历史故事。实际上表的是康熙年间直隶巡抚于大人于得水的政绩。其中有一段是于大人到门头沟私访的情节。路途之中当他经过田村时便被煤窑诓人的骗到了个民窑的关门屋子里(即锅伙里),强迫他下窑做水工,他吃了很多的苦,挨打受骂,遭管锅伙人的残酷虐待,后来幸亏遇见一个好心的当地自由窑工"标子"刘青,于大人写了书信,托他出去送到城里衙门,衙门接到书信便派兵来把窑抄了,才把于大人救出来,窑主和开锅伙的人受到了应得的惩罚,《于公案》这部评书在门头沟没有人敢说,因为窑主反对,可是窑工都知道,并且还能指出煤窑的地点,那就是在圈门旁南坡上叫塔院窑的地方。采的就是明煤大硐和老鹳硐。但是书中所说的于大人究竟是谁?经过查阅清朝《满汉名臣传》《大清畿辅先哲传》《国朝河臣集》《康熙政要》《大清一统志》及《于清端公政书》等书籍,可证实当时确实直隶巡抚姓于,不过不叫于得水,而是叫于成龙,人称大小于公,都是清廉之官。从大小于公的经历分析,《于公案》书中所述于公可能是奉天小于公,因为他父亲是于得水,著书人故意颠倒,以示与大于公无关。按年龄来看,大于公在任直隶巡抚时年已63岁,这时小于公40多岁,诓到窑上可以用。这部书大部分说的是北方的事,说过于公私访门头沟之后,便说到在玉田县为官的事。大于公多在江南,所以说,于公案是以奉天人于得水之子于成龙为主人翁。经过邓拓同志的反复考证,这次撰写此文中又反复查阅了有关书籍和资料,使《于公案》这部小说所述事实得到证实。邓拓同志在门头沟调查之后，还曾到石景山、苹果园东口于得水墓地进行了考察，并从碑文上给予证实。同时门头沟的老窑主阎锡珍也亲口对邓拓提及此事，说他的祖先就是于大人私访时给杀头的。

三

邓拓同志一连四次来京西矿区考察、访问，我们帮助邓拓同志做了一些服务性工作和具体准备工作，寻觅线索，陪同走访、了解。经过大量、细致的工作以后，收集了大批契约、文书资料，其中截至乾隆末年为止的共有137张，另有民窑文约登记本和账单各一本，民窑业主的家谱一册、民窑争执的诉状两纸和一个抄本。另外还有窑图两张。十分珍贵的是收集起的民窑契约中有一张明朝崇祯六年的契约，是刘文举把祖遗的两座煤窑地卖给康如春的时候写下的。卖价只有十二两五钱银子，契上写明"其他原系无红契地"。

收集的截止于乾隆以前的137张民窑契约上面出现了许许多多的民窑字号。它们可以证明那时候民窑日渐发达的史实。为了便于查考，现将民窑字号排列如下明朝留下的有四座民窑的字号：

上南坡窑、下南坡窑、下嘴窑、萝卜窑。

清朝顺治年间有新的17个字号：

宝平山窑、大兴窑、沟子窑、风门窑、永泉窑、桥头窑、枣园窑、樱桃窑、天井窑、水沟窑、道儿窑、风口窑、常儿窑、下坟窑、李家窑、菜园窑、椿树窑。

康熙年间除了有些是顺治年间已有的字号外，又出现了新字号51个：

白草地窑、坑子窑、冷窑、龙家窑、柿树窑、得意窑、岩子窑、蛮子窑、藤花窑、高门窑、东坡窑、吉利窑、杏树窑、椹子海窑、安家坟窑、赵家新窑、水港窑、普硇窑、福兴窑、升官窑、天平窑、海青窑、喜鹊窑、白石头窑、兴利窑、恒库窑、财库窑、财神窑、明井窑、井门窑、双得窑、兴盛窑、桃树窑、胁肢窑、破石窑、杏树窑、小硇窑、松树窑、曹风窑、尾子窑、李乐窑、院子窑、皂角树窑、姜家坟窑、马家窑、酸枣窑、扒王港窑、彩意窑、黄蒿窑、盈席窑、永盛窑。

雍正年间除了以前已有的字号以外，还有7个新的字号：

陡门窑、菜地窑、巧利窑、沙果树窑、兴地窑、东坡窑、宽普水沟窑。

到了乾隆年间，不但原有的民窑字号有许多继续保持，而且又有20个新的字号出现，它们是：

吉祥窑、岩下窑、道下窑、德胜窑、公善窑、菜畦窑、苦子窑、生财窑、新门窑、胡炭窑、普水沟窑、万顺窑、人和窑、吉兴窑、平和窑、开库窑、霍家窑、广泰窑、栗树窑、三义窑。

我们调查发现的门头沟民窑字号，截至乾隆年间总共前后恰巧达100个。

考察、访问过程中，共收集各类资料144件。这些民间资料十分宝贵，邓拓《论中国历史的几个问题》中所述："我在北京西山门头沟矿区发现了明清两代资本主义萌芽时期的一百座民窑的遗迹。我收集了它们的大批契约文书……这些材料可以说明当时中国资本主义因素的萌芽不仅仅在东南沿海出现，而且在北方地区，例如在北京附近也同时出现。"在该论文引言中开头就明确阐述论点："可靠的历史记载和调查材料使我有理由认为，从明朝万历年间到清朝乾隆年间，约当16世纪80年代到18世纪90年代，是中国资本主义因素的萌芽时期。"邓拓同志以大量翔实的资料反映一百座民窑的长期自发的企业之存在、发展、搏斗。我们感到更为可贵的还在于邓拓同志把实地调查收集的材料同史籍的记载相核实、印证，系统而全面地解答

了中国资本主义萌芽时期的历史问题及中国近代社会经济发展过程中的许多其他问题。

大约一年许，即1955年，邓拓同志将出版了的论文《从万历到乾隆——关于中国资本主义萌芽时期的一个例证》分别赠送给我们每人（景振洋、龙文耀、傅长友、陈毓龄）各一册。不久，该作品发表在《历史研究》1956年第10期并选入《邓拓文集》第二卷内。

邓拓同志对待工作认真细致、一丝不苟、坚韧不拔、一抓到底，他那种深入群众，倾听意见，联系实际，分析问题的态度给我们留下极为深刻的印象。在这次回忆和撰稿中得知，30年前邓拓来门头沟收集的民间窑矿资料大部分收存在中国社会科学院（某所），我区博物馆在1984年9月建馆时曾去科学院取资料49件列为博物馆展品，对此我们更加怀念和感谢邓拓同志。36年前有机会陪同邓拓考察，我们帮助作一些工作是有限的，然而此举对于了解认识本区窑矿历史，参与历史考察、发掘资料，从而受到教育更是深刻的。回忆邓拓来门头沟实地考察，距今已经是36年了，他那和蔼可亲、平易近人的音容笑貌，实事求是、克己奉公的优良品德及深入实际、调查研究的工作态度与认真、求实精神给我们留下了深刻的印象，是值得我们永远学习的。

（选自《门头沟文史》第4辑，中国人民政治协商会议北京市门头沟区委员会文史资料研究委员会，1993年5月第1版）

邓拓同志访书琐记

萧新祺

中华人民共和国成立后，经常来琉璃厂文化街访书的，除著名文学家郑西谛（振铎）先生以外，就是性嗜古籍文物书画的北京市委书记邓拓同志。

1952年，北京市文化局创办了一家地方国营企业"中国书店"，设在东城区东四南大街演乐胡同口外，主要经营历代刻本的古旧书刊。除公开门市外还开设了专家服务部。因房屋不敷使用，服务部于1960年迁到安定门内国子监孔庙东庑。这时有许多图书馆社会科学研究学术单位及专家学者前来选书，但感到来往不便。

邓拓也经常来服务部访书，他听到读者反映，便想为中国书店找一个比较合适的地点。后看中了和平门外琉璃厂中间的海王村大院，可是这里被南城电话局储料所占用，邓拓同志经过与该局多方联系商洽，该局同意迁出，使中国书店得以搬到这里营业。在他的关怀下，

书店向文化局申请拨款重建。工程于1963年竣工，1964年春，中国书店搬来营业。

邓拓同志的工作时间安排得很紧凑，不论是白天还是夜晚，他都要处理大量工作，亲自接待来访。公余之暇还要勤奋读书，努力写作。然而他仍然抽出业余时间到书店访书。他是有名的历史学家、诗人、书法家，他的知识是多方面的，他对我国历史古籍文物书画，不但是鉴赏家，也是热心的收藏家。他收书的范围很广，如历史哲学、文学艺术，以及关于老北京的历史各种资料，都喜欢购藏和研究，另外对历代名人的书画更是格外的喜欢欣赏和收藏。

最难忘的一次是在1963年的冬天，邓拓同志到安定门国子监东庑中国书店专家服务部找书。当时我是在古书分类的集部当营业员，他嘱我给他找一部《昭明文选》何义门评阅本，乾隆三十七年（1772）长洲叶树藩海碌轩原刻本。古书《文选》类是集部之首，恰巧在书架上搜到一部海碌轩硃墨套印的原刻本，在首册叶氏序文后面末尾钤有"叶树藩"和"涵峰"两个原印，显然是初刻初印本，书品完整如新。他看了非常高兴，深感兴趣，并对我说："我国之文，秦汉为盛，魏晋六朝沈博富丽，亦称美备，可谓文章之衡鉴，著作之渊薮除诸经史之外，学者莫不以此书为重。"邓拓对乡贤先哲遗书及文献，都喜欢收留，如沈维矫的《手书日记》稿本，林则徐的书翰等，都有所得。

1964年，邓拓同志将个人所藏最好的一批古代绘画共154件，整理得清清楚楚，装裱得干干净净，开列出目录清单，注明年代作者，无偿捐赠给中国美术馆入藏。其中宋画3件，元画9件，明画35件，除极其珍贵的《苏东坡潇湘竹石图卷》外，还有我国徐渭（文长）、朱耷（八大山人）的作品，有明代四大家沈石田、文徵明、唐伯虎、仇十洲的作品，这些捐赠的藏画，有手卷，有册页，有立轴，有中堂，全是名家手笔。

邓拓同志凡是个人收藏都是用自己的钱，决不动用半文公款。他所收藏的古籍文物书画，用的是自己的工资，包括几乎全部稿费。

邓拓同志非常重视对历史文献的探索和搜集，治学态度也很严谨。对北京老字号、前门外老酱园"六必居"的文献资料，他曾做过搜集和整理，可惜的是由于其他工作的耽搁，这篇文章并没有写完，现在只剩下了他的未完成手稿的前半部分。在邓拓同志搜集的许多历史资料中，劫后幸存的还有两块木刻版，一是京都顺治门（今宣武门）外"三代王麻子刀剪铺"刷印广告的木刻版，边框外刻有清嘉庆二十一年（1816）的年号一行，可惜该版已有残缺，文字不全，但确是北京老字号的实物资料；二是《晋略》之四的一页书版（按此录是古书史部别史类的一种古籍，全书共65卷，序目一卷，清荆谿周济撰，道光十九年己亥（1839）味焦斋刊），对清季末年刻书的行款字体亦可作为参考。

1966年，"文化大革命"突然来临，在批判"三家村"的浊浪中，斗争矛头一开始就指向邓拓同志。同年5月18日，邓拓同志含冤去世。

1979年9月，邓拓夫人丁一岚同志将邓拓同志长期珍藏的部分书籍36种、129册，捐赠给北京图书馆入藏。这部分书籍从印刷的方式

区分，有刻本铅印本、钞本，也有影印本。从版本的角度看，有比较早期的刻本，如姚铉编纂《唐文粹》明嘉靖刊本，是历来为人们所重视的一种。《范文正公别集》卷本，刊刻精致，字体纸张独具特色，其质量类似宋刻。此外还有一些晚近期的刻本和印本，其中有的是资料价值较高的书籍。如《古巴华工调查清册》记载了古巴华工们的血泪控诉，和他们所遭受的种种残酷压榨及非人的生活状况。旧刻本《佛经》14册，是有名的福建东禅寺或开元寺所刻，即我们所说的《福州藏北宋崇宁间刻本，又称《鼓山大藏》，还有几本元代杭州刻的《普宁藏》在内，字体全是欧柳的笔法，笔锋遒劲，可见当时刻工技术之纯熟，可以代表福建刻经的风格。在宋元时期建阳一带是雕版印书的中心，流传至今的旧籍，故此称为"建本"。

除此以外，邓拓同志还搜集了一些清人的书札，其中比较重要的有李鸿章、祁家父子（祁韵士、祁隽藻、祁宿藻）、祁埙洪钧、盛宣怀等人的来往信件，这些信件从不同的角度反映了当时一些政治历史情况，而这些情况，在所谓的正史中往往是不会记载的，这些信件在近代史上是重要的第一手资料。

邓拓同志的主要著作有《中国救荒史》《论中国历史的几个问题》《燕山夜话》等，并与吴晗、廖沫沙写的《三家村札记》，1944年主持编校《毛泽东选集》。

（选自《北京文史资料》第47辑，北京政协文史资料委员会编，

北京出版社，1993年12月第1版）

忆邓拓同志二三事

杨仁恺

邓拓同志离开我们已经12年了。他那孜孜不倦、追求真理的科学态度，助人为乐、循循善诱的高贵品质，汇成一个高大的形象，一直萦绕在我的脑海中，怀念、景仰之情，与日俱增。

邓拓同志以才气横溢、文思敏捷闻名于党内外。他40年如一日，为党为人民做出的卓越贡献，昭昭在人耳目，不待我多赘。这里，我仅就亲身与邓拓同志数年相处，追忆片段往事，以表思幕之情。

邓拓同志具有学者风度，事必躬亲，从不假手于人。他撰写文章不用秘书查找资料，代抄稿件。他说需要从头熟悉情况，与其委托别人代劳，反不如自己动手为得计。他先后在人民日报社、北京市委担任领导工作，事务冗繁，可以想见。但每天还至少写出一篇文章。至于诗词，则应手而成，如果都搜集起来，也是一部巨著。我曾以好奇

的心理探询他用啥办法长期坚持下来的。回答很简单，就是利用好一切空隙时间。即使从宿舍到办公室的途中，他也坐在车里思考问题，一经构思成熟，就奋笔直书。有不少文章，就是在车里动笔写出来的。他曾对我说，一个人的生命是有限的，如果东浪费一点，西浪费一点，好像算不了什么，总起来大有可观，会使你为之震惊！所以，计算寿命的长短，要看如何有效地运用时间。记得他将此意从另一个角度撰成文章发表了，后来编入《燕山夜话》中。

邓拓同志治学态度严谨，一丝不苟，坚信实践是检验真理的唯一标准。他除了撰写政论、治史文章和专著外，从1959年起致力于民族绘画发展史的探索。他不愿意从概念到概念，特别重视第一手材料，通过具体作品具体分析，找出客观规律，反过来用以指导实践。为了补偏救弊，他身体力行，挤时间到博物馆去接触历代作品，培养鉴别能力。他懂得，如果本身缺乏鉴别知识，对作品就无法作出具体的分析，结论必然出偏差。开始，他把注意力放在近代和清晚期的作品上。邓拓同志在不太长的时间内，就积累了许多专业知识，能提出独立的见解。他既有实践，又有理论，既掌握了第一手材料，又能深挖野史文献，从而把问题搞得深透、新意层出。如对清中叶名画家华嵒的研究，他下过很多的功夫，曾用"左海"笔名撰成文章，在《文物》上发表，有补画史，受到各方重视。进而又从探索明清作品而逐渐进入宋元的堂奥。记得有人愿将收藏多年的苏轼《潇湘图》原作出让与国家博物馆。但经若干业务人员研究鉴定，未能达成一致意见，没有收进博物馆。后送邓拓同志鉴别，定为苏轼真迹，并撰文连同图版由《人民画报》刊出，对我们专业人员起了促进作用。邓拓同志高屋建瓴的学术姿态，思想解放，行为果断，仍将在学术界起着示范的作用。

　　邓拓同志一生公私分明，一尘不染。他生活上向低标准看齐，工作向有重大贡献的同志学习。他留北京工作一二十年，从不出入餐馆，讲究吃喝；在家招待客人都是普通饭菜。他忠于事业，宁肯生活上受窘迫，也要多方寻觅资料，弄清问题。一经在所研究的问题上取得了结论，就把有的文物资料捐赠给中国美术馆保存。永远值得我们怀念！

难忘的教诲

——忆邓拓同志视察平谷古迹

张苏文

　　1962年，我在平谷城关完小任教兼学校总务。我的父亲张允之先生是该校教导处的副主任兼六年级班主任。城关完小是平谷县最有名气的完全小学。这不仅是因为她的历史久远，还因为她是以历代备受世人尊崇的孔庙为校园的。孔庙（俗称圣人庙）又称儒学或文庙，不仅是封建时代祭孔的场所，又是一方之最高学府。据《平谷县志》载：平谷县的孔庙始建于元至元年间，明成化五年重修。初，其制"浅狄卑陋"。嘉靖元年、嘉靖四十年两度重修后，使"殿庑堂斋焕然一新"，为"一方之伟观"。之后，万历六年及清乾隆、嘉庆、道光、光绪年间又有多次重修。其主要建筑有大成殿、文昌祠、崇圣祠、名宦祠、乡贤祠、忠义祠、棂星门、明伦堂等。

　　这年秋假，我父因病于家中休养，我在学校值班护校。一天上午，县委书记李杏村带着三位同志来到学校。我赶忙迎了上去。李书记向我介绍说，这三位是市里的领导同志邓拓、廖沫沙、张文松。他们是来察看平谷孔庙旧址的，想请我的父亲引导指点。当我说明我父正在病休后，邓拓同志亲切地握着我的手，关切地问："老人家身体好些了吗？听说你们学校很古老，你清楚这里的历史吗？能不能带我们看一看，给我们介绍介绍？"邓拓同志这么平易近人，又这么谦逊和蔼，使我很受感动。我虽然对文庙的历史知之甚少，还是高兴地答应了领导的要求。

　　说话间，到了花池后面的古槐下。这古槐不仅老干挺直，苍劲岸然，而且主干之中，又生出株青翠的榆树，故称槐抱榆，为文庙一奇。邓拓同志看罢古槐，指着南墙风趣地说："看来平谷县未出过状元啊，瞧，这回龙壁没有打开，所以我们今天还得走西门哟！"大家都笑了。

　　过了古槐，朝北望去，石阶上屹立着一座高大的三进牌坊，上书"棂星门"三个大金字，红柱、青瓦、五彩斗栱，柱下是汉白玉夹杆石，虽经数百年风雨仍岿然不动。牌坊后面，是横卧泮水的三座石拱桥，左右古柏参天，苍翠葱茏，映衬得这棂星门更加庄严古朴。邓拓同志十分仔细地查看了这座古老的牌坊，抚摸着它苍老的身躯，赞不绝口。他说，这座牌坊与北京国子监的牌坊的形制是相同的，是古建中的珍品。他再三叮嘱，一定要妥善加以保护，认真给予维修。

　　过了拱桥，迎面便是聚贤堂，两侧有圆形券门。堂前有两块碑，是记载明重修募捐的功德碑。邓拓同志看得很仔细。我告诉他，在县

城东门外还有一块明代的赋税碑。他很感兴趣，说那是考察古代经济政治的实物史料，要好好保护，不能损坏和失落。他又指着聚贤堂问我："这聚贤堂是做什么用的？"我说："旧日时，每年春秋丁日祭孔时，地方文人学士都在此集合，然后从两侧进入后面的大成殿前举行仪式。因此这聚贤堂又称为迎宾殿。"邓拓同志又问："你知道怎样举行祭孔仪式吗？"我告诉他，我童年时不仅参加过祭孔活动，还当过歌诗童子呢。于是，邓拓同志饶有兴趣地问起了祭孔的各种礼法及这里祭孔的情景。

说话间，我们已来到大成殿前。大成殿是文庙的主体。这里庭院宽阔，青砖铺地，古柏森森。大成殿高居正北月台之上，殿前有香炉，左右配殿中原祀先贤先哲及孔门弟子共百余，如今早已荡然无存。殿前万历六年倪光荐题"重修儒学记"团龙碑还在。邓拓同志看过后问，文庙中共有多少碑？我告诉他，尚存本县水峪寺诗文碑及文庙南墙外刻有"文武官员军民人等至此下马"字样的石碑等。

我们来到原文昌祠院内。这里曾是旧教育局，现在是完小的办公室。所谓碑林，就是残存的7筒碑无序地立在那里。邓拓同志看过后，对水峪寺的诗文碑很欣赏，叫我们设法精心保护谨防人为及自然损坏。在经过办公室门前时，邓拓的目光忽然盯住了门槛下的过门石。我不由得心中一惊。因为那用做过门石的竟是文庙中旧存的刻石，不知是哪位聪明人"就地取材"，将它"古为今用"了。邓拓同志仔细看过后，把我叫到跟前，指着那过门石很严肃地说："你们都是读过书的人，怎么能够允许拿这么珍贵的石刻踩在脚下呢？难道人们天天在上面踩，你们就不心疼吗？"我仔细一看，原来这里的三块过门石都是"程子四箴"刻石。所谓程子四箴，是孔子的门生程子关于视、听、言、动的箴言。那刻石上的文字已被踩磨得模糊不清了。

从东院出来，邓拓同志又看了大成殿后的原孔子家庙旧址。最后，他对李杏村书记作了几点指示：一拨专款重修棂星门；二将所有石刻碑文捶拓下来，将拓片送交市文物部门留存；三将现有碑刻妥善保管，不使损坏失落；四对院内古槐古柏也要注意保护。

午饭后，邓拓同志一行又参观了桥头营府君庙旧址及海子水库、水峪寺遗迹等。应当说，邓拓同志是中华人民共和国成立以后第一位认真视察平谷古迹并提出科学保护意见的领导同志。邓拓同志珍视祖国文化遗产的远见卓识，脚踏实地的工作作风，诲人不倦的平易风度，以及他广博的学识，给我留下了难以忘怀的记忆。

他走之后，各项文保措施都得到落实。首先，由市里拨专款一千多元修缮了棂星门。由平谷城关木匠王世民负责加固木架斗，北辛庄画匠王某负责油漆彩画及大字包金。金箔也是经邓拓同志关照专从北京购来。经修缮一新的棂星门，更加金碧辉煌，巍峨壮观。县文化馆将文庙内所存碑刻全部捶拓，将拓片上交存档。我则在校内修院墙时，将水峪寺诗文碑等珍贵碑刻砌于墙内，使这些数百年古迹安然躲过了"文化大革命"的浩劫，如今仍完好存于平谷县文化文物局院内。只可惜整个文庙遗留的建筑，包括修复一新的棂星门，连同所有古树，后来都被人毁掉，无一幸免。这一切，都是叫人万分痛心的！

当我回忆这段往事的时候，我心中充满着对邓拓同志的怀念与敬

仰之情。世界上有许多事情是无可挽回的。要紧的是，人们要从这无可挽回的痛惜中汲取教训而不再重蹈覆辙。

（选自《平谷文史选辑》第3辑，中国人民政治协商会议

北京市平谷县委员会文史委员会整理）

怀念邓拓舅舅

李 竹

《燕山夜话》再版了。捧着亲爱的舅母丁一岚同志送给我的题有"出版著作是对作者最好的纪念，感谢关心此书的同志们"字样的新书，我心情无比激动，心里暗暗地呼唤着：舅舅，我亲爱的舅舅呀！虽然我再也见不到您慈祥的面容，聆听您亲切的教诲了，但是您的精神和形象将永远鼓舞我向前。安息吧！邓拓同志，我的好舅舅！

读着《燕山夜话》，我想起有一年夏天，晚饭后我们在北京旧式的小四合院里乘凉，飘来阵阵"夜来香"花的芬芳。舅舅说，他很喜欢这种花。因为夜来香黄昏开花至深夜，不畏黑暗来临，在人们工作之余，她带给大家美好的感觉。《燕山夜话》杂文集就像芬芳美丽的"夜来香"。她短小精炼，趣味横生，谈古论今，传播知识，宣传马列，旗帜鲜明，切中时弊，寓意深刻。她一扫陈言八股腔，和读者娓娓谈心，交流思想。工作之余读读她，既能增长知识，又能给人以克

服困难、战胜黑暗的勇气，使人们振奋精神，对生活充满信心。多好的书啊！人民是最好的鉴定者。就在"四人帮"大批《燕山夜话》的时候，人民却喜爱她。当时，我妈妈保存了一本《燕山夜话》，我的同志们在底下争相传阅，有的甚至还认真抄录下来。

看《燕山夜话》，想亲人。我想起舅舅平时对我们的谆谆教导。舅舅是很注意对下一代的培养和教育的。正如他在《珍爱幼小的心灵》中所说的："正因为儿童们的心灵是最纯真的，我们就特别应该加倍珍爱，好好地注意培养，使他们能够得到健康的发展。"舅舅经常教育我们要热爱共产党，热爱毛主席，热爱社会主义，培养我们爱学习，爱劳动，爱集体的好习惯。《燕山夜话》中就有很多篇幅是告诉我们怎样刻苦学习的。舅舅在《人穷志不穷》这篇文章中写道："因为我们的青少年出生于我们的革命已经取得了伟大胜利的新社会中，他们将很难了解旧社会里被压迫阶级所过的穷苦生活，他们甚至将完全不知道贫穷是怎么回事，将来他们万一遇到某种意外的穷困，恐怕会无法应付。因此，在这一方面给他们一点教育是十分必要的。"他教育我们生活上要艰苦朴素，要和工农的子女打成一片，不要特殊。从来不许我们向外人公开和他是什么亲属关系以得到额外的照顾。他的孩子们生活都很俭朴，照样按配给吃杂粮；衣服通常是大的穿了给小的，破了补补再穿。舅舅还经常教育孩子们：在年轻的时候，就应该根据祖国和人民的需要，树立雄心大志，并力它的实现而不怕一切困难，坚持奋斗，不要虚度年华。他在《燕山夜话》的自序中说得多好呵："我们生在这样伟大的时代，活动在祖先血汗洒遍的燕山地区，我们一时一刻也不应该放松努力，要学得更好，做得更好，以期无愧于古人，亦无愧于后人！"

1961年，我母亲要求支援农业第一线的申请得到组织上的批准，我们全家就要离开北京到湖北农村安家落户。舅舅破例举办了一次家宴，特地为我们全家饯行，支持妈妈的行动。后来我暑假回京探亲时，带去了妈妈农场里种的大南瓜、大包菜，舅舅非常高兴。他书赠给妈妈一幅手书，写的是"踏遍青山人未老，风景这边独好"。苍劲有力的字令人喜爱。我问舅舅为什么写这一句，舅舅说："毛主席的诗词好啊！你妈50多岁的人，响应党的号召去农村安家不简单。她看见这幅字一定会很高兴。"的确，这幅字给我们不少鼓舞，妈妈非常珍爱。这是舅舅给我们的珍贵纪念。

邓拓同志，亲爱的舅舅，您是这样写的，也是这样做的。您一生忠实于党，忠实于人民，在生命的最后一刻仍坚信社会主义和共产主义必然在全世界胜利！邓拓和无数革命烈士的名字一样，在革命的史册上永垂不朽。

百年中國記憶
BAINIAN ZHONGGUO JIYI

第二辑

丹心凛凛：死生继往即开来

空谷回音

——回忆邓拓同志

剑 清

当我摊开稿纸，提笔写这篇文章的时候，我感到心在跳跃，血在燃烧，泪在奔流。一个忠诚党的新闻战士，老社长的高大形象，又一次出现在我面前……

那是1941年秋天，晋察冀边区秋季反"扫荡"结束后，由于敌后战争环境的日益残酷，我所在的华北联大机构缩小了，我们许多同志被分配到地方上去工作，我们三个同志被调到《晋察冀日报社》。在晋察冀中央分局转了组织关系后，背上背包行李，行进在山冈田野上。一路上，遍地黄花，伴着墨绿色的芳草，随风摇摆。漫山遍野怪石嶙峋；大小石头堆满了山冈。我们经过了多少崇山峻岭，沟沟渠渠，步行了几十里路才到达目的地——《晋察冀日报》所在地滚龙沟。

这是一座三面环山的山村，从沟口到沟底走了好长时间才到。滚龙沟坐落在一个山洼里，稀稀落落几十户人家，残垣断壁，一片荒凉景象。这里和晋察冀边区其他村庄一样，刚遭过大"扫荡"后的浩劫，还没有喘过气来。我们把背包放到一个普通农家的屋子里，有个穿短服的男同志，把我们引进屋里去，见到了一个身材高高的，一双炯炯有神的眼睛，具有学者风度，而又和蔼可亲的同志。穿短服的男同志向我们介绍："这就是我们报社的社长邓拓同志。"邓拓同志满面笑容，亲切地说："欢迎你们三位同志来报社工作，这里条件很差，工作、居住、生活都十分困难。"他留我们和他一起进了晚餐，随后给我们安排了工作和住宿。从此，我开始从事《晋察冀日报》的编辑工作。

当晨曦洒满山村，一股清新的气息扑向我的胸怀，报社开始了一天战斗的生活。山村里印刷机在轰鸣，收发电报机在嘀嘀嗒嗒地欢唱，编辑部的同志们在紧张地摇动着笔杆。我们的社长邓拓同志就更忙碌了。他每天除了审稿，看大样，还要自己亲自写社论和重要文章。他工作态度十分严肃认真。每当我们把编好的稿件送他看时，他总要认真审阅批改，对稿件的内容、提法、标题是否恰当，都要反复推敲，修改得精益求精。

1941年到1943年，是处在抗日战争的相持阶段，也是敌后抗战最残酷最艰苦的时候。他常常告诉我们，党报要宣传相持阶段的特点，真实地反映敌后解放区军民浴血奋战的英雄事迹，让全世界都知道，

我们在坚持正义的战争。他还告诉我们，在工作中要抢时间争分秒，让边区人民尽快看到我们的报纸，以鼓舞士气。我们在邓拓同志领导下，一面战斗，一面出报纸。平时他是社长、总编辑，战时他是卓越的指挥员，他对革命前途充满胜利的信念。

记得1942年春季，正是春耕大忙时节，敌人发动了春季大"扫荡"，在边区周围大量增兵，边区军民都做好了坚壁清野，一面战斗，一面生产的准备。我们报社决定留一部人在原地坚持出报纸，另一部分同志由边区腹地转移到外线去，帮助地方党组织工作。在将要离开报社时，邓拓同志充满乐观主义的精神对我们讲解边区的形势。他说："现在敌人一步步向边区内地蚕食，缩小解放区，在边区周围增兵，企图对内地大举进攻。"他一面讲，一面用手示意蚕吃桑叶的情形，时而他挥动着有力的手臂说："我们为了保卫边区，就要坚持反'扫荡'，反'蚕食'斗争，做好一切准备，所以我们一部分同志要转移到外线去工作，相信不久的将来，我们是会再会合的。"随即他检阅了这支即将出发的队伍，检查了我们每个人的行装，身上背的背包。他走到我跟前，关切地问道："你能走远路吗，好像你的脚走路有些不方便，一路上要小心啊！"他告诉我们，到边区外线去，要和那里的老百姓，部队的同志们战斗在一起，和他们紧密配合，共同打击敌人。

两个月后，我们都各自完成任务，胜利会师，又共同战斗在一起了。这次我们没有再回到滚龙沟去，报社已搬到一个新的地方——陈家院村。这是一个地势开阔的平川，在绿色的田野上，清澈的小溪旁，又飘扬着报社同志们的歌声笑语，这时邓拓同志又来到我们中间。他在工作之余，和我们一起打球，谈天，讲诗论文，他偶尔提笔书写或吟诵一些诗句。每当我们在一个村子平静地工作，生活不多时日，又会遇到敌情，要转移到另一个地方去。当敌人的飞机轰炸时，我们编辑部的同志就到村庄外面的树林子里去编稿子，把机器隐蔽起来印报。在反"扫荡"紧张时，把一部分青年工人、编辑、记者组织起来，背着枪支，手榴弹站岗巡逻，监视敌人，一部分同志编报，发现敌情就背着印刷机、铅字，随同编辑同志一起转移。有一次从河北灵寿向阜平转移途中，和敌人遭遇，邓拓同志骑的马被敌人打伤，他从马背上跳下来，徒步带着队伍，一面战斗，一面行军。我们经常转战在晋察冀边区河北一带的村庄，到那里就和乡亲们打成一片，亲如一家。

邓拓同志不仅是我们的领导，而且是我们的良师益友，他热爱同志，情同手足。在当时物质条件极端困难的情况下，敌人对边区封锁粮食、盐、布匹、棉花等物资。我们没有米、面吃，有时就吃用黑豆磨成粉做的黑豆饼，没有棉花就用羊毛代替，装在棉衣里御寒。邓拓同志和我们同艰苦共患难，随时鼓励我们克服困难，坚持斗争到底。他还帮助大家提高写作业务水平。在他的亲切关怀和孜孜不倦的教诲下，在斗争中培养了一批年轻有为的编辑、记者和报纸其他工作人员。报社党组织经常派他们到前线和边沿区采访写作。仓夷同志就是当时年轻出色的记者之一。他曾写过反映冀中"五一"反"扫荡"中的英雄连队的《纪念连》，反映游击区生活的《无住地带》，和反映

晋察冀边区人民幸福生活的《婚礼》等作品。在抗日战争和解放战争时期，报社有不少同志牺牲了。每当有同志牺牲时，邓拓同志如同失去手足，总是久久地怀念，夜不成眠。司马军城同志是一位年轻的、活动能力强的记者，他具有卓越的才华，诗文写得很好，性格开朗，他和邓拓同志朝夕相处，谈诗论文，十分投合。有次报社派他到冀东前线采访，不幸中弹牺牲，邓拓同志在万分悲痛之余，曾作《祭军城》一诗纪念他，诗中有这样的句子："朝晖起处君何在，千里王孙去不回。塞外征魂心上血，沙场诗骨雪中灰……"青年记者仓夷同志在1946年解放战争初期，不幸在大同附近被国民党反动派杀害，邓拓同志开始久久地追寻他的踪迹，直到后来确知他牺牲的消息后，就在报社开了隆重的追悼会。

中华人民共和国成立后，邓拓同志担任人民日报社长，许多曾在《晋察冀日报》工作过的老同志，都很愿意到邓拓同志家里去做客，大家在一起促膝谈心，回思往事，如同回到自己家里。邓拓同志不仅是我党的一位著名新闻学家、诗人，同时他还是一位书法家，他的字写得很好，大家都喜欢请他写字。1962年我从北京调来湖南工作时，他曾亲笔给我题过一首诗，是反映晋察冀边区生活的，诗中写道：

犹忆漫山篝火红，战歌诗思倍匆匆。

枕戈斜倚刍茅帐，假寐醒来月正中。

在"四人帮"横行时，这首诗便成了我和邓拓同志"黑"关系的罪证，除了题诗被抄走外，连记在本子上的诗也不敢保留，不然就会大祸临头，我只好把他的诗藏在心里，暗暗背诵，让它不要忘记。"总为浮云能蔽日，我唤青天扫长空"。乌云终于过去，在阳光灿烂的今天，我敢大胆吟诵邓拓同志的诗句了，他的诗集和《燕山夜话》等著作亦即将出版。可惜邓拓同志已不在人间，不能再用他那支刚劲有力的笔来写批判"四人帮"和歌颂新长征的诗文了，但是，邓拓同志为党的新闻工作、宣传工作战斗的一生，是永远值得我们学习和怀念的。作为诗人邓拓写的诗，功力极深，特别是他下面的二首诗，使我铭记难忘。

1948年6月，随着解放战争的胜利，华北解放区连成一片，《晋察冀日报》和晋冀鲁豫地区党报合并为《人民日报》，《晋察冀日报》完成历史任务终刊了。邓拓同志写了《晋察冀日报终刊》的诗：

毛锥十载写纵横，不尽边疆血火情。

故国当年危累卵，义旗直北控长城。

山林肉满胡蹄过，子弟刀环空巷迎。

战史编成三千页，仰看恒岳共峥嵘。

1958年邓拓同志由人民日报社调北京市委工作时，他在《留别〈人民日报〉诸同志》的诗中写道：

　　　　笔走龙蛇二十年，分明非梦亦非烟。

　　　　文章满纸书生累，风雨同舟战友贤。

　　　　屈指当知功与过，关心最是后争先。

　　　　平生赢得豪情在，举国高潮望接天。

　　邓拓同志在这些感人肺腑的诗中，倾诉了他对党的新闻工作的无比热爱。他虽然离开了新闻工作岗位，但他对报纸工作，对报社的同志们却是那样一往情深，关怀备至。诗中字字句句再现了他对党的新闻工作倾注的心血。在烽火连天的战争年代，在巍峨的北岳恒山下，波涛滚滚的滹沱河边，到处有他传播的毛主席的人民战争思想。中华人民共和国成立后，他为党的社会主义革命和建设的宣传，日夜操劳。在"笔走龙蛇驱妖雾，万民高歌庆凯旋"的日子里，党报上有多少重要社论是他亲笔所写，有多少宣传党的重大决策的文章是经过他的手发出，或是经他修改过的。他在毕生从事党的新闻工作，尤其是在写作方面积累了丰富的经验，而且经过革命斗争实践，不断得到了发展，因而他对我们的教诲，也是极其深刻的。

　　记得1962年，邓拓同志在北京曾和我谈起怎样写好文章时，他说，一个人每写一篇文章，总要有自己的见解，要有新的思想，要有所发现；在你的文章里要有别人没有发现的东西。如果在文章中不可避免地要涉及写一般性内容时，只需一笔带过，不要多费笔墨，而对于你所要突出的重点，新的思想内容，则要充分发挥，切忌写人云亦云，空洞无物的东西。回忆邓拓同志这段话，联系他在《燕山夜话》

这部深受群众欢迎的杂文集中，鲜明目的立场观点，独特的见解，就是明证。他在书中宣扬了马列主义和社会主义的新风尚，针对现实生活中存在的不正之风和出现的各种问题，用锋利的笔进行批评，或是善意的劝导，扶正压邪，对人民群众和青年起到了良好的教育作用。这对于活跃思想，改进文风，推动"百花齐放，百家争鸣"方针的贯彻，是起了积极作用的。

我们纪念邓拓同志，就要学习他对党对毛主席的无限忠诚，对社会主义、共产主义事业坚定不移，充满信心，为真理而战，奋不顾身的精神。最近我才知道，邓拓同志在十三年前临终时，给北京市委领导同志留下的诀别书中写道："我的这一颗心永远是向着敬爱的党，向着敬爱的毛主席。"他临终前愤怒地驳斥了"四人帮"对他的诽谤污蔑，并用他的实际行动向阴谋家们提出了严正的抗议。邓拓同志在结束他的血泪的诀别书时，他深情地说："当我要离开你们的时候，让我再一次高呼：伟大、光荣、正确的中国共产党万岁！社会主义和共产主义的伟大事业在全世界的胜利万岁！"

这是一个多么忠贞的坚定的共产主义战士啊！我们将继承邓拓同志的遗志，做一个忠诚的共产党员，做一个刚直不阿的革命者，为祖国的社会主义革命和建设，为共产主义事业永远战斗不息！

看，山在崩裂，海在咆哮，在一场暴风雨之后，出现一片寂静。我仿佛在寂静里听见山谷的回音，那是邓拓同志的声音，这声音永远在我心头回荡！

光明正大　耿直不阿

——对邓拓同志的怀念

聂荣臻

　　邓拓同志饮恨离开人间，已经13年了。他的音容笑貌，仍时常在我的脑际萦回。每当我想起这位并肩战斗过的亲密战友，一种悲愤之情便不可遏抑。今日沉冤已雪，欣慰之余，仍不免心有余痛。

　　我和邓拓同志早在1937年秋冬，晋察冀抗日民主根据地开创之初就相识了。那时，他同十几位知识青年跋山涉水，远道从太原赶来五台。一见面就给我留下这样的印象：他是一位朝气蓬勃，满腔热血的革命青年。一经交谈，甚是投机，我很喜欢他那种爽朗的性格。他首先告诉我，他已经学会了识别和采集很多种野菜，为的是日后困难时能借此充饥。可见他已经做了艰苦奋斗的思想准备。他的革命决心是多么坚强，革命的乐观精神又是多么充沛！

　　邓拓同志对待工作和学习，非常严肃认真，且毅力很强。那时敌寇"扫荡"频繁，无所谓前方后方，大家都在戎马生活之中。他带领报社，越风雪山林，渡深谷寒水，一面与敌人周旋，一面坚持出报。他经常骑在马背上构思，一到驻地，立即布置侦察警戒，然后动手编写文章。尽管敌人采取"铁壁合围"，反复清剿，在整个战争时期，《晋察冀日报》从未停刊过，这和他的勤奋也是分不开的。而且他很注意新闻宣传的时效。重要的社论起草后，哪怕深更半夜，他也单枪匹马赶到我的驻地让我过目，共同研究定稿。他还有一套传递日报的组织和办法，保证日报及时传到群众手中。我记得他有一首《勖报社诸同志》的诗："笔阵开边塞，长年钩剪风。启明星在望，抗敌气如虹。发奋挥毛剑，奔腾起万雄。文旗随战鼓，浩荡入关东。"于此，也可看到他为革命战争服务的战斗豪情。

　　邓拓同志长时期住在阜平城南庄附近的马兰村，这是报社的据点。他在那里和群众建立了深厚的阶级感情，群众很喜欢他，待他亲如家人。他后来取"马南邨"的笔名，也是对老根据地群众的怀念。一个知识分子同劳动群众有这样血肉般的联系，是很可贵的。

　　邓拓同志为人，一向谦虚诚恳。他知识丰富，对历史典故知道得很多。同志们都喜欢和他接近，愿意和他畅谈。我和他的工作关系、个人关系都很好。在烽火连天的日子里，有空时，我们在一起畅叙心怀，谈古论今，也是一大乐事。他很喜欢作诗填词，在艰苦的战争年月，他的雅兴还不小，居然组织起"燕赵诗社"，团结了不少朋友，并把我也拉进这文雅的组织里来了。

　　邓拓同志从1937年到晋察冀边区，一直到1949年进城后，他都是搞报纸，搞宣传。他毕生从事党的宣传工作，努力宣传马列主义、毛泽东思想和党的方针、政策。1944年5月，在中共晋察冀中央局的领导下，他主持编辑出版了《毛泽东选集》，这是中国革命出版史上第一部毛泽东同志的选集。他为这部选集写了"编者的话"，满腔热情地阐述了毛泽东思想对指导中国革命的伟大作用。多年来，邓拓同志还为党培养了大批的宣传干部，也是他的一大贡献。他还积极参加领导了华北革命战争史的编写工作。他是有名的报人、历史学家和诗人。他博学多闻，才华出众。他忠于党，忠于人民，忠于马列主义，忠于毛泽东思想。他耿直不阿，正大光明，坚持真理，疾恶如仇。可惜这样一位好同志，年仅54岁，正是积累了丰富的工作经验，为党作出更大贡献的壮年时期，竟被林彪、"四人帮"一伙人迫害致死。每当忆起邓拓同志，总令人惋惜和难过。现在继《燕山夜话》重版，又将他的诗集问世，这对热爱他的读者和同志们，该是一个很好的安慰吧！写上这些话，也表示我对邓拓同志的怀念。

1979年5月30日

战斗在思想理论战线的最前线

——悼邓拓同志

陈克寒　李　筠

　　邓拓同志含冤于九泉之下，已13个年头了。这位忠诚的无产阶级战士，紧握手中的笔，同帝国主义和国民党反动派斗争了一生，同党内外各种错误思想和歪风邪气斗争了一生，为党的新闻宣传和文教事业做出了卓越的贡献。

　　邓拓同志是福建闽侯县人，18岁投身革命，1930年参加中国共产党，从事党的地下工作。1937年来到创建不久的晋察冀敌后抗日根据地。同年12月11日，他克服了重重困难，受命创办了《抗敌报》，后改为《晋察冀日报》。在解放区的新闻史上，《抗敌报》是敌后抗日根据地里创办最早的党报之一。它在抗日战争和解放战争的艰苦岁月里，积极宣传抗日救国和人民解放的道理，把党的路线、方针、政策

普及于边区军民，对于团结人民，鼓舞斗志，坚定胜利的信心，促进革命战争的胜利，起了巨大的作用。《晋察冀日报》和报社编印的《实话报》，还通过各种渠道发行到平津等敌占区，配合党的地下工作，向敌占区人民宣传党的主张，成为插入敌人心脏的匕首。

邓拓同志是一位久经战争考验的坚强战士。他以顽强的斗志和简陋轻便的器材，在游击战中坚持"八头骡子办报纸"，活跃在连年频繁的反"围剿"、反"扫荡"的第一线，战斗在"无人区""游击区"，同敌人周旋于"分进合击""铁壁合围"之中，常常在敌人鼻子底下坚持编印报纸。邓拓同志曾说过："只要我有一口气，就要坚持出报。"在战火中办了十年六个月零三天的《晋察冀日报》，先后牺牲了二十几位同志，邓拓同志也曾险遭不测。像这样提着脑袋在枪林弹雨中办报，在任何险恶的情况下永不停刊，不能不说是中国新闻史上罕见的奇迹。

邓拓同志是马列主义、毛泽东思想的积极宣传者。他一贯热爱毛泽东思想，十分珍视毛泽东同志的著作。他写过许多社论、文章和诗词，热情地宣传和讴歌毛泽东思想。当他第一次读到《新民主主义论》初稿时，激情地写下了这样的诗篇："万水千山只等闲，长城绕指到眉端。阵图开处无强敌，翰墨拈来尽巨观。风雨关河方板荡，运筹帷幄忘屯艰。苍龙可缚缨在手，且上群峰绝顶看。"邓拓同志热情地歌颂毛泽东同志的雄才大略，高度地评价了这部指点江山的巨著，一片对中国革命的赤胆忠心跃然纸上。

邓拓同志主持的《晋察冀日报》，不仅是报社，而且是新华通讯社分社，又是出版社。它印刷出版了大量的马列著作和毛泽东同志的著作。特别是在1944年5月，在晋察冀中央局领导下，由邓拓同志编辑出版了有五个分册的《毛泽东选集》。这部书出版于1945年党的七大之前，是我国革命出版史上第一部毛泽东同志的选集。虽然，它同后来出版的《毛泽东选集》相比较，内容没有那么完备，印刷也并非精美，但是，它立下了开创的业绩，在当时，对于推动敌后根据地整风运动的开展，对于毛泽东思想的广泛传播，起了很重要的作用。

这部选集卷首的《编者的话》，出自邓拓同志的手笔。他从历史唯物主义的基本观点出发，按照理论与实践，阶级、政党、群众、领袖的辩证关系，突出地写了毛泽东思想的伟大作用。他指出："在长期曲折复杂的斗争中"，我们"才找到了自己的领袖毛泽东同志"，"他真正掌握了科学的马列主义的原理原则，使之与中国革命实践密切结合，使马列主义中国化。"毛泽东同志的思想"是在与党外各种反革命思想和党内各种错误思想作斗争中，生长发展和成熟起来的"，这是"毛泽东同志和团结在毛泽东同志周围的同志"共同努力的结果。并得出结论："过去革命的经验教训了我们，要保证中国革命的胜利，全党同志必须彻底团结在毛泽东思想的指导之下。"这篇"编者的话"同后来七大通过的党章的精神完全一致，它充分说明了邓拓同志对马列主义和毛泽东思想的基本态度，也说明了邓拓同志很早就是毛泽东思想的积极宣传者。

邓拓同志强调必须系统地读马列原著，从中学习马列主义的立场、观点、方法，因此必须刻苦读书，打好基础，理论联系实际，反

对投机取巧。邓拓同志认为，这是对待马列主义的根本态度问题。

中华人民共和国成立不久，邓拓同志受命主持党中央机关报，担任《人民日报》的总编辑。在此期间，他忠诚地听从党中央的指挥，坚决贯彻执行毛泽东同志和周恩来同志的指示，严格遵守党的纪律，切切实实地宣传党的路线、方针和政策，宣传党的外交路线，反映人民的呼声和要求，对党的各项工作都做了有力的配合和推动，发挥了报纸的重要指导作用，使《人民日报》真正成为党中央的喉舌和联系群众的桥梁。那时的党报办得生动活泼，引人入胜，在人民群众中享有很高的声誉和威信。1958年8月，邓拓同志调离《人民日报》时，邓小平同志曾亲自到报社讲话，认为成绩是主要的，充分肯定了《人民日报》的工作。邓拓同志的功绩是有目共睹的，是任何人也抹杀不了的。

邓拓同志是我们党的卓有成就的宣传家、政论家。他的办报思想非常丰富，有许多独到的见解。他非常注重理论联系实际，特别强调群众办报。他一贯主张绝对不能关起门来办报，编辑记者必须深入到实际中去，同各个阶层的人交朋友，了解人民群众的要求和呼声，与他们"通血脉，共呼吸，心连心"。报纸一定要做"热心人"，不能回避现实生活中的问题。编辑记者不是生活的旁观者，而是生活的参加者，要同干部群众一起生活、斗争，同社会建立广泛的联系，成为社会活动家。如果长期关在办公室，新闻感就没有了。只有开门办报，才能避免人云亦云、空话连篇的可憎面孔，才能把马列主义的普遍真理运用于生动的实际，创出一条新路来。邓拓同志自己经常深入实际，带头采访和调查研究，对现实生活中带有倾向性的问题具有敏锐的眼光。

邓拓同志主持报刊工作，前后近30年之久，但是，他永远是一名普通的编辑记者，没有当一天"新闻官"。他一生中写的社论、文章、通讯报道有几百万字。他一贯强调，做新闻工作切忌做官，从总编辑到编辑、记者到练习生，都应不断地写文章。记者不论担任了什么职务，组长、部主任也好，编委、总编辑也好，对报纸来说，都是本报记者，应该不断地写东西。总编辑、编委不写东西，又何以说服记者呢？他主张，应该写篇文章骂骂那些新闻官。他指出，可惜有的人把新闻工作的岗位当作"官儿"来做，光坐在屋里开开会，动动嘴，而不写文章，这是不适宜于做新闻工作的。记者一定要不断地写东西，"投笔从戎"可以，"投笔从官"不行，"新闻官"一定要反对。邓拓同志认为，一写东西，就会逼着你去关心实际问题，研究各方面的政策，逼着你去学习，逼着你改进作风，因为，高高在上的"新闻官"是写不出东西来的。

1958年，邓拓同志调任北京市委书记，主管宣传文教工作，并主编北京市委理论刊物《前线》杂志。在彭真同志亲自主持下写的《前线发刊词》，提出了坚持一切从实际出发、实事求是、理论联系实际，强调按客观规律办事，反对主观唯心主义和各种歪风邪气。这篇发刊词一直是《前线》杂志和北京市工作的指导方针。邓拓同志还组织市委负责同志写了多篇文章，他自己也连续撰写社论，宣传辩证唯物主义的原理，阐述党的实事求是、群众路线、民主集中制等根本原

则，推动北京市的各项工作健康地向前发展。

1961年起，邓拓同志开始写《燕山夜话》，并与吴晗同志、廖沫沙同志合作撰写《三家村札记》。

忆邓拓

丁一岚

"我的这一颗心永远是向着敬爱的党，向着敬爱的毛主席。""我对于所有批评我的人绝无半点怨言。只要对党和革命事业有利，我个人无论经受任何痛苦和牺牲，我都心甘情愿。过去是这样，现在是这样，永远是这样。……"

这是12年前在他临终时，写给彭真同志、刘仁同志和党组织的诀别书中，对党的真诚的倾诉。

1966年5月17日深夜，邓拓同志最后充满豪情呼出他终身为之奋斗的誓愿：

"社会主义和共产主义的伟大事业在全世界的胜利万岁！"

我至今还仿佛听到他长叹一声，呼不尽他胸中的悲愤抑郁，放下了他终生紧握的战斗之笔，忍痛永别了他如此热爱的革命事业、革命战友、子女亲人和翰墨生涯。

邓拓同志离开世间，至今将近13年了！棍棒和枷锁、凌辱和诽谤只能迫使我们暂时沉默，但是禁锢不了我们的思想，平息不了却反而不断激起我们感情的怒涛。我和孩子们日日夜夜思念他，我知道，许多老同志、老战友以至无数读者也常常怀念他。我思念他，不只因为我是他的妻子，每当回忆在血火交织的战争年代有过"山海风波定白头"的前盟，永远抑制不住碎心的悲痛，而且因为我和邓拓同志长期在一起工作和生活，深知他的为人。他为党工作的一生中，有近30年的时间是战斗在党的新闻、宣传战线上，他是积极运用毛泽东思想办党报的一个忠诚战士，他为党的新闻工作做出了毕生的贡献。

战歌诗思倍匆匆

1937年冬，当抗日战争的烽火开始在晋察冀边区点燃的时候，邓拓同志在中共中央晋察冀分局领导下，跟一些年轻的新闻工作者一起，创办了《抗敌报》，随后改名《晋察冀日报》。

在敌后抗日民主根据地办报，是非常艰苦的。日本侵略者和伪军经常出来"扫荡"，报社是在山区抗日游击战争中活动的。我记得，仅仅在1941年到1943年这三年间，报社的队伍就翻越过五台山、恒山、燕山的许多崇山峻岭，渡过了唐河、易水、沙河、拒马河、滹沱河等大大小小的河流，住过许多使人难忘的亲切的山村。

那时候，报社的队伍是一支宣传的队伍，也是一支作战的队伍。

许多编辑、记者都是一手拿枪，一手拿笔；许多工人同志手上拿着武器，身上背着机器和铅字。老邓既是报纸的总编辑，又是战斗的指挥员。在行军转移的中途，他除了部署战斗行动外，还亲自动手写评论和重要新闻。骑在马上的时间，就是他构思的时间。每转移到一个地方，他总是有许多事情要忙；忙完了别的事情又要写文章，时间已经很晚了。所以，他写文章时，往往边写边发排，等到他写到最后一页稿纸的时候，文章开头的小样已经摆到他的面前。他看完前边的小样，整篇文章的清样又送来了。他就这样笔不停挥地争取了时间。

在游击环境中办报纸，必须克服技术装备上的困难。要坚持出报，需要机器，需要足够的铅字，但又不能带着一个笨重的印刷厂打游击。为了减轻装备的重量，老邓同编辑、记者、工人商量，集中群众智慧，想出了许多好办法。首先解决铅字过多的问题，大家商定在3000个常用字以内做文章，特别必需的字可以现刻。这样就把铅字的重量精简了一半以上，必要时可以用人背着走。编辑、记者老同志都乐于执行3000字内做文章的规定，老邓自然做出了表率。

在敌人的大"扫荡"中，情况十分险恶。《晋察冀日报》是在残酷的反"围剿"、反"扫荡"战争中坚持出版的。当时，我们夜晚行军转移，白天隐蔽起来编印报纸。有时在山头上砍树枝，拔茅草，搭个小窝棚出报。一次，我们从灵寿县的陈庄后山，向五台、阜平间的白草坨转移时，与敌人遭遇。老邓骑的马被敌人击伤，他徒步带着队伍且战且走。我前边的一个同志中弹牺牲，后边一个同志也负了伤。当时我已怀孕几个月，跑了一段路，体力感到不支，渐渐落后。老

邓发现了，跑过来拍着我的肩头，鼓舞我道："坚持下去，跟上队伍。"他那沉着有力的语言，给我增添了力量。我振起精神，在爬上一座险峻的山岭时，拉住一位战友的枪托，奋力登上山头！此情此景，恍如昨日。

在战火纷飞中，老邓从容不迫，一面工作，一面战斗。有余暇时，他还写诗谱词寄兴。记得我们曾在一个名叫日卜的山村宿营，那里山高路陡，天寒地冻，人烟稀少，我们在山坡上烧着树枝取暖。

犹忆漫山篝火红，战歌诗思倍匆匆。

枕戈斜倚刍茅帐，假寐醒时月正中。

这首题为《忆日卜》的诗，和《反扫荡途中》等诗，都是老邓在马背上或营地里口占、手写出来的。我很珍爱这些诗篇，许多同志也很喜欢，因为字里行间跳动着我们这些年轻的革命战士共同的脉搏。在那艰苦的岁月中，老邓带领着报社的同志转战晋察冀的山山水水，在紧张的战斗环境中，《晋察冀日报》一直坚持出版，从未中断过。它对于宣传党的政策，传达党中央的声音；对于团结人民，组织人民，打击敌人，坚持抗战，做出了应有的贡献。

有时，我们又怀着深切悼念的心情诵读老邓写的沉痛的挽诗。在八年抗日战争中，晋察冀日报社牺牲了二十几位同志。他们当中有编辑、记者、工人、电台工作人员、发行工作人员。老邓对其中每一位同志都是熟悉的。大家朝夕相处，患难与共，工作上互相支持，生活上彼此关切；忽然从身边、从队伍中减少一个战友，老邓总是如失手足，长久地心有余悲。每逢有战友牺牲，他往往夜不成眠，终日沉默，更加奋勉、严谨地工作。我至今清楚地记得，我曾含泪读过多遍的《祭军城》一诗，就是老邓听到记者司马军城同志在冀东战场采访时不幸牺牲的噩耗以后，在这样的心情中含泪写下的：

> 朝晖起处君何在，千里王孙去不回。
> 塞外征魂心上血，沙场诗骨雪中灰。
> 鹃啼汉水闻滦水，肠断燕台作吊台。
> 莫怨风尘多扰攘，死生继往即开来。

老邓，你可知道，多年以后我们却以你祭军城的诗来祭你，你为战友写的祭诗竟不幸成了你的自祭。36年前，你又怎能想到后来会有这样一天呢！

文章常助百家鸣

邓拓同志的一生是执笔战斗的一生，在《晋察冀日报》如此，在以后的《人民日报》《前线》也是如此。

1948年6月，随着解放战争的胜利，华北解放区连成一片，《晋察冀日报》和原晋冀鲁豫区的《人民日报》合并，仍名《人民日

报》。北平解放，《人民日报》成为中共中央机关报，我们也来到了北平。

进城以后，环境安定了，但工作更忙了。老邓每天晚上必须签发各版大样。他身体不好，我常劝他稍微早点休息。他说："不看完大样，睡下也不安心。"他经常是直到深夜甚至黎明，才能把报纸大样审定签发，回家休息。就是躺在床上，他还在继续考虑版面的安排是否合适，标题的用字是否恰当；想到了更妥善的修改意见，就马上起来打电话，通知夜班改版改字。到白天，他睡不了多长时间，就又起床从事紧张的工作了。工作这样忙，这样紧张，甚至十分琐屑，老邓可以少写或不写东西了。然而他不是不写，而是写得更多了。他说："不要做新闻官"，"做新闻工作，从总编辑到编辑，从记者到练习生，都应该不断地写文章。记者是一辈子的职业。记者工作永远离不开采访和写作。记者无论担任了什么行政职务，对报纸来说，他都是本报记者，都应该不断地写东西。"他认为："把新闻工作的岗位当作'官儿'来做，光坐在屋里开会，动动嘴，而不写文章，这是要不得的。记者应该永远生活在群众之中，活跃在采访前线，记者的笔是什么时候也不应该放下的。"

老邓离开《人民日报》，到中共北京市委工作以后，仍然没有放下他的笔。他像记者一样，生活在群众之中，活跃在采访前线。他工作之余写了《燕山夜话》《三家村札记》及其他文章数百篇，也就是他这方面的劳绩。

《北京晚报》创刊以后，老邓从1961年起，为《燕山夜话》专栏撰稿。他提倡写知识性杂文，力求把专栏文章写得生动活泼，使读者有所收益。当时，听朋友们说，晚上，《燕山夜话》真的成了北京许多家庭在灯光下"夜话"和学习的资料。我把这些反映告诉老邓，他也感到欣慰和鼓舞。他又约请吴晗同志和廖沫沙同志，一起在《前线》半月刊上开辟了《三家村札记》专栏，同样受到读者的欢迎。

就在《燕山夜话》专栏开辟不久，党中央召开了七千人大会。毛泽东同志在会上号召发扬社会主义民主，发扬"三不主义"。老邓响应毛泽东同志的号召，用笔来发言，把自己所见所闻所思写出来。在《燕山夜话》和《三家村札记》的影响下，全国不少报纸刊物也都开辟了类似的专栏，一扫陈言现话八股腔，以平等的态度同读者娓娓谈心，传播知识，交流思想，有助于驱除"一言堂"的沉闷空气，推动了百花齐放、百家争鸣的局面。

"毛锥动，彩云生，蜀水燕山若有情。展望高潮奔日夜，文章常助百家鸣。"老邓在这阕《捣练子》中的热情讴歌，正是他作为新闻战线上的普通一兵，要用自己的笔为革命辛勤写作的决心和行动的真实写照。

论文谈道不识何时倦

老邓在一阕纪念鲁迅先生的《青玉案》中写过"论文谈道……不识何时倦"，这样的词句或许也可以移用来形容他自己不知疲倦的求

知精神。

知识，对于新闻工作者来说，是非常重要的。老邓说："报纸是古今中外、天文地理无所不包的。因此，新闻工作者一定要有广博的知识，知识的范围越广越好。"

熟悉的同志和朋友常常称赞老邓"博学多才"。我体会他所以知识面稍广，也是多年努力学习，勤于涉猎的结果。孩子们曾问过他怎么练字，他说从小父亲对他要求很严，每天要把写大小楷作为第一项晨课，别的功课也要限时做完。积年累月养成了他刻苦读书，一丝不苟的习惯。平时，他十分珍惜时间，很少参加娱乐活动，也很少看到他安静地坐在那里休息一会儿。每当写作疲倦了的时候，他就从书柜里拿出一本书来看看。他说："换换脑筋，就是休息。"

老邓的读书体会是：半个月读一本天文学，积累了一些有用的资料；半个月读一本地质学，又积累了一些有用的资料。半月不多，一年12个月，就有24本书了。他平常读报，读杂志，往往准备一个小本本，把有用的东西随手记下来。他抄录和剪存了大量的文字资料，可惜这些今天已经荡然无存。

关于如何学习，老邓打过一个生动的比喻说："你看农民出门，总随手带粪筐，见粪就捡，成为习惯。专门出门捡粪，倒不一定能捡很多。但一成了随时捡粪的习惯，自然就会积少成多。积累知识，也应该有农民积肥的劲头，捡的范围要宽，不要限制太多，不要因为我管的是牛粪，见羊粪就不捡；应该是只要是有用的，不管它是牛粪、羊粪、人粪都一概捡回来，让它们统统变成有用的肥料，滋养作物的生长。古今中外有学问的人，有成就的人，总是十分注意积累的。知识就是积累起来的，经验也是积累起来的。我们对什么事都不应该像'过眼烟云'。真正所谓成就，也就是在前人的知识和经验的基础上有所发展，没有积累，就什么也谈不上。"

老邓长期休息不好，患了偏头痛。为了休息脑筋，他开始鉴赏古画。实际上他看画也并不轻松。他钻研历代绘画的特点，每个画派独到的特色，绘画所反映的当时的社会生活内容，还要研究画卷的纸、绢的年代，作关于题跋、书法的考证……从绘画的研究中，他又积累了丰富的知识。他计划编一本古代绘画册，系统介绍我国古代绘画艺术的发展史。不幸，在林彪、"四人帮"的摧残下，他的这个计划没有能够实现。老邓还有许多研究和写作的计划，也都永远不能实现了，这是多么令人心酸的损失啊！

字字痛心绝命词

在结束这篇文章的时候，我不能自已地想到邓拓同志一生最后的时刻。终其一生，他对革命事业满怀忠诚和责任感，对党满怀深厚的热爱，对毛泽东同志满怀着真切的崇敬之情。

他在临终前，留给我和孩子的遗书中满怀深情地说：

盼望你们永远做党的好儿女，做毛主席的好学生，高举

　　毛泽东思想的伟大红旗，为社会主义和共产主义的伟大事业奋斗到底！……

　　当我展读这最后的叮嘱时，我控制不住自己的悲痛和愤恨。

　　直到最近我才看到了邓拓同志12年前给彭真同志、刘仁同志和北京市委同志们的诀别书。就在他诀别人世时，他披肝沥胆地向党倾诉：

　　"我的这一颗心永远是向着敬爱的党，向着敬爱的毛主席。""只要对党和革命事业有利，我个人无论经受任何痛苦和牺牲，我都心甘情愿。……"诀别书字里行间浸透着他对党、对革命、对人民的一片赤子之心。这不是普通的语言，是他滴着血泪向党告别。他把一颗共产党员的炽热的心最后献给了敬爱的党。

　　邓拓同志至死没有背叛他的信仰，就在结束他的血泪的诀别书时，他充满着对党的忠诚，发自肺腑地深情地说：

　　　　当我要离开你们的时候，让我再一次高呼：
　　　　伟大的、光荣的、正确的中国共产党万岁！
　　　　我们敬爱的领袖毛主席万岁！
　　　　伟大的毛泽东思想胜利万岁！
　　　　社会主义和共产主义的伟大事业在全世界的胜利万岁！

　　下面工工整整地签上了他的名字——邓拓。

谁曾见到这样的"叛徒"，这样的"反革命"呢？在那时流泪都会变成反革命的日子里，我极力控制着不让泪水流出，而是让泪水和愤怒一起燃烧。邓拓同志的一生实践，充分证明了他是党的忠诚的战士。那时，我等待着历史有一天会还它本来的面目。

1976年，敬爱的周总理与世长辞。千千万万为悼念总理而伤心落泪的群众竟遭到惨无人道的镇压。我和人民一道流泪，一道震惊，一道思考。我不止一次地想到老邓对总理的忠心爱戴和敬仰，也想到总理对我们的关怀和爱护，这一切都不是寻常的文字所能倾诉的。我冥想着，曾经在举国欢腾的节日，在天安门前，写过"春秋大事书万卷，不敌英雄纪念碑"诗句的邓拓，如果能够活到1976年，缅怀好总理，他又将写出怎样哀痛的诗句和愤怒的檄文啊！

在林彪、"四人帮"横行肆虐的白色恐怖下，我把老邓在1948年赠我的两方绢丝诗帕折起来，悄悄地缝在棉袄里珍藏着。几年中，我穿着这件棉袄在农场、干校劳动，觉得老邓没有离开我，劳动时，汗水渗透了棉衣，把诗帕上的字迹洇湿模糊了，但是我们在战斗中结成的革命情谊却是永远不会磨灭的。我多少次在心中暗问：沉冤什么时候能够昭雪，这两块诗帕什么时候才能重见天日呢？

在那举国欢庆的日子里，我拆开棉袄，从中取出了那两块诗帕。老邓在上面真诚倾心地亲笔写着："待取新衣上征途，好将身手试，常为孺子牛。"在那天，不知是怀念，还是激动，我流下了眼泪。

过去了，这一切都过去了！

老邓在1958年《留别〈人民日报〉诸同志》的诗中写道：

笔走龙蛇二十年，分明非梦亦非烟。

文章满纸书生累，风雨同舟战友贤。

屈指当知功与过，关心最是后争先。

平生赢得豪情在，举国高潮望接天。

今天，在党中央的领导下，四个现代化的建设高潮行将接天涌来。可惜，再也看不到老邓笔走龙蛇，在新长征中来助百家鸣了。呵，不，老邓没有死。记得一个诗人讲过："人的思想只要写下来，就会形成生命。"在这里我可以告诉同志们，邓拓同志及"三家村"的冤案已得到彻底的平反昭雪，邓拓同志的诗集将编辑出版，《燕山夜话》以及其他著作就要重新发行了。我们可以看到，老邓行进在我们新的长征队伍中。

毛锥十载写纵横

——怀念无产阶级新闻宣传家邓拓同志

陈春森

邓拓同志是战斗在新闻战线上的出色的宣传家，无产阶级的忠诚战士。抗日战争和解放战争年代，我和邓拓同志一起战斗。抚今追昔，引起无限怀念。

抗日战争开始，八路军挺进到华北敌人后方的北岳山区，建立起晋察冀边区根据地。邓拓同志来到五台山，在党组织的领导下，带头创办边区抗敌报社。当时，他坚定地向我们讲：咱们中华民族决不能听任帝国主义欺负，敌人打来了，不怕，党会领导全国人民打出个新中国来！现在要成立报社了，咱们就在新闻战线上作战！他和另一个领导同志，同我们五个青年编辑及二十几个印刷发行的同志一起，就把五台山腰大甘河畔一个小古庙作为办报的第一个游击据点。1938年冬天，敌人对新建起来的晋察冀边区根据地发动十一路围攻。邓拓同志根据党的指示，立即写了《论民族自尊心与抗战胜利》的社论，号召边区军民并肩作战，誓死抵抗，夺取胜利。同时，召集编辑、记者和工人同志们，鼓励大家"坚持战斗，坚持出报！"他和大家一起，组成一支游击办报的队伍，用毛驴驮着小型铅印机，转战在太行山麓的五台、阜平、平山一带深山密谷中。《抗敌报》陆续印发到边区各地，敌人却找不到报社的影子。这支年轻的新闻队伍在敌人的第一次大"扫荡"中经受了战斗的考验。

1940年到1943年，晋察冀边区抗战最艰苦，条件越来越困难。不管敌军搞什么"铁壁合围""三光政策""封锁""奔袭"，边区子弟兵和老百姓却越战越勇敢，报社也越锻炼越坚强。

在敌后抗日游击战争中办报，特别需要经常依靠党的领导。邓拓同志在办报的重大问题上，代表报社党组织，和中共中央晋察冀分局保持着紧密的联系，他经常向党组织报告请示，晋察冀分局的领导同志很善于运用报纸进行领导，在游击战争的环境下，更重视运用党报开展工作。为了更充分地发挥报纸宣传群众，组织群众的作用，1940年11月初，中共中央晋察冀分局决定把《抗敌报》（隔日刊）改为《晋察冀日报》。聂荣臻同志当时给报社题词说："坚持敌后抗战，边区子弟兵愈战愈强，《抗敌报》更以新的姿态——《晋察冀日报》出现，我们的宣传战、思想战也愈战愈有力。"彭真同志写了《晋察冀边区与晋察冀日报》的专论，表扬这个报"已成为边区人民的喉舌和思想武器"，"是统一边区人民的思想意志和巩固团结共同抗日的武器，也是边区人民忠实的言论代表和行动指针"。紧接着，敌人对边区开始了13路大"扫荡"，我边区子弟兵英勇反"扫荡"。在中共中央晋察冀分局的大力支持下，邓拓同志召集同志们商定：反"扫荡"也要坚持出日版！在敌人的围攻和堵截下，在不断行军和转移中，出版极其困难，邓拓同志仍带领大家坚持出八开的铅印小报，那时他又犯了胃病，行军疲累，更是吃不下多少东西。但他顽强坚持战斗，带领同志们一个月内出了26期铅印报纸，发了20篇社论。这些社论大都是他亲自写的。他说，我们的抗敌报要名副其实，敌人越是猖狂"扫荡"，《抗敌报》的声音就越要响亮；要把毛主席人民战争的思想，灌输给每一个爱国者；要把边区军民抗战的英雄事迹和党政领导机关的指示，及时传播到群众中；要组织和鼓舞边区军民团结坚持反"扫荡"战斗。广大读者在战火中能经常看到报纸，经常从报上看到毛主席的教导和党的指示、号召，深受鼓舞，纷纷来信支持报社，说这个报纸"是抗日民主根据地人民的喉舌"，"是我党在思想战线上的有力武器"。称报社"是在敌后方冲锋陷阵的新闻队伍"。反"扫荡"战一结束，立即恢复日报。在祝捷大会上，邓拓同志代表报社向党和群众宣誓："和边区子弟兵一起，和群众一起，为坚持边区根据地，坚持华北抗战奋斗到底！"

　　1943年秋冬，是敌人"扫荡"中最野蛮残酷的一次。敌寇35000人，三个月连续"奔袭"边区腹地。邓拓同志带领报社人员绕着山头，穿越密谷，日夜与敌人周旋。他的身体显然瘦多了，但是战斗不停止。他说：我们的报，决不能停刊！报纸的存在，就说明根据地军

民在坚持战斗。那时，为了坚持出报，报社分成两个梯队，一个梯队侦察掩护，一个梯队负责出报。几头骡子驮着轻便机器，人背轻便电台。邓拓同志和编辑、记者们都是一手拿枪、一手拿笔。有时，我们打游击转到山梁上，在敌军的包围下，有敌机低空盘旋，他和编辑们一起，仍沉着工作，突击写稿，争出一期报。有时在大雨滂沱、夜风呼啸的草棚里，写社论、编新闻，用他战斗的笔，分析抗战的形势，批驳反共投降谬论，鼓舞人民的战斗意志。他呕心沥血，夜以继日。有一次夜行军，我们与敌军遭遇，战斗中，在他身边的四个同志牺牲了，邓拓同志也险些遇难。他组织大家掩埋了死者的尸体，带着队伍继续前进，转到一个山村里，收拾出几间草房，架上电台，装上机器就出报。他在小油灯下赶写社论，号召群众开展"麻雀战""地雷战"，"把敌人消灭在地雷阵里！"夜深了，我把编就的报稿送给他看，他写完了社论还在给一梯队的"尖兵"布置侦察任务。在那战火纷飞的日日夜夜，邓拓同志在主持报纸编辑出版的同时，每到一地，还到民兵游击队员中去采访，做群众工作。他带领着这支年轻的新闻队伍，战斗在北岳大山区，出没于长城内外的"游击区"，不知疲倦，顽强战斗。敌人年年在"扫荡"中想搞垮这个报社，但我们报社始终坚持了自己的阵地。在行军过程中，邓拓同志还写过一首激励报社同志们要奋勇前进的诗：

笔阵开边塞，长年钩剪风。

启明星在望，抗敌气如虹。

发奋挥毛剑，奔腾起万雄。

文旗随战鼓，浩荡入关东。

　　邓拓同志是毛泽东思想的积极宣传者。在战斗间隙，他熟读毛泽东同志的《论持久战》《论新阶段》等著作。1940年，当毛主席的光辉著作《新民主主义的政治与新民主主义的文化》（后改为《新民主主义论》）的原稿送到晋察冀日报社时，他看了，极为兴奋，爱不释手，说它是中华民族优秀文化的一个代表作。他当即写了首诗："万水千山只等闲，长城绕指到眉端。阵图开处无强敌，翰墨沾来尽巨观。风雨关河方板荡，运筹帷幄忘屯艰。苍龙可缚缨在手，且上群峰绝顶看。"不管战斗生活多么紧张，报纸工作多么繁忙，邓拓同志经常挤时间，钻研毛泽东思想，在十年战争环境中，他运用报纸这个阵地，对毛泽东思想做了大量宣传工作。早在1942年，我们纪念我党成立21周年时，他就专门写了《全党学习和掌握毛泽东思想》的长篇社论，阐述"中国共产党所以能够领导20世纪中国的民族解放与社会解放的伟大革命斗争，所以能够成为政治上、组织上、思想上全面巩固的广大群众性的强有力的党，就因为有了毛泽东思想"。当时，他向广大读者宣传："必须高举毛泽东思想的旗帜，把它应用到每一个具体问题和实际斗争中去。"到1944年5月，在中共晋察冀中央局的领导下，邓拓同志主持编辑出版了《毛泽东选集》，这是中国革命出版史上第一部毛泽东同志的选集，它广泛传播了毛泽东思想。邓拓同志为这本选集写了《编者的话》，热情宣传毛泽东同志在中国革命和党

的建设中的伟大作用。他在和国内外阶级敌人的殊死战斗中，是马列主义、毛泽东思想的忠实捍卫者。

邓拓同志常对我们讲中华民族的历史故事，讲我国人民的斗争史，讲我们民族几千年来的光辉文化。他十分热爱我们民族文化的各种遗产，就在敌后游击战争那样的艰苦环境中，他每到一地，都有兴趣搜集地方志和历史文物。这不是一般的个人爱好，而是表现了他对祖国文化遗产的热爱，对民族解放战争的胜利充满了信心。他在组织我们学习毛主席《论持久战》的时候说，我们这样一个有几千年悠久历史和光辉文化的民族是灭亡不了的。只要我们坚持抗战，一定能打出个新中国来。他的必胜信心对同志们是很大的鼓舞。

在那期间，晋察冀边区和其他解放区一样，处在最困难的时期。党中央、毛主席号召开展大生产运动。邓拓同志发动报社全体人员，开展大抓经济、发展生产的广泛宣传。他带头写了许多要注意经济问题的社论、文章和新闻，强调"开展大生产运动是全边区军民的神圣任务"，宣传"进一步贯彻减租政策，开展大生产运动"，宣传"边区有打仗的军队，也有劳动的军队，我们可以克服困难，打败帝国主义侵略者"。同时，根据当时党中央、毛主席提出的"发展经济，保障供给"的正确方针，批评那种只注意向人民要东西的错误搞法。他很注意边区周围游击区人民的生产和生活，派记者，组织通讯员，大量报道游击区人民的战斗和生产活动，即使在反"扫荡"一日数次转移的紧急情况下，每到一地，都抓紧采访群众生产的先进事迹，宣传老百姓"边战斗，边生产"，抢耕、抢种、抢收的英勇精神。在正确贯彻减租减息政策，减轻人民负担，发展敌后大生产运动，改善根据地群众生活方面，根据中央指示，他联系边区实际，写了许多社论。他还带领报社这支年轻的新闻队伍，一面坚持出报，一面动手搞手工业和副业生产。在边区腹地的平山、阜平、灵寿、曲阳，分片建立了报社的几个小基地，经常有人生产纸张，组织副业，保证书报出版和职工生活的物资储备。

由于《晋察冀日报》在宣传坚持抗战、发展生产、关心群众生活等方面和人民群众保持着密切的联系，全心全意为人民服务，边区群众对报社十分热爱。每次行军中，各地民兵游击队自动给报社侦察敌情，掩护转移，运送物资，传递报纸。广大通讯员源源不断地给报社投稿。当时，报社还出版一种专给敌占区人民看的地下小报《实话报》，向北京、保定、石家庄、太原、大同、张家口等地生活在敌人铁蹄下的人民，介绍根据地的情况和国内外抗战形势，鼓舞他们坚持斗争。敌占区读者也常常给报社秘密购运办报物资。

《晋察冀日报》坚持出版，帮助群众树立了在敌后坚持抗战的更大信心。1943年，在最残酷的三个月持续反"扫荡"战中，报纸的编、印、发行遇到更大困难。敌人侵入边区内地，四处烧杀，并散布谣言，说"晋察冀边区垮了"。可是，报纸还在出版，依靠广大民兵发行网继续发行。老百姓看到《晋察冀日报》不断送到他们手里，就满有信心："咱们《晋察冀日报》还出着，边区垮不了。"当时边区参议会副议长于力老先生，有感于《晋察冀日报》在频繁的战争中能克服万难，坚持出版，写过《阅报》一诗："新报犹然排日来，可怜

鬼子妄相摧。饶他东荡西冲猛，扫着村村裂胆雷。"邓拓同志看到于老的诗，很兴奋，和了一首：

　　　挺笔荷枪笑去来，巍巍恒岳岂能摧？

　　　攻心一纸歼顽寇，更听千村动地雷。

他的战斗意志和对胜利的信心，溢于言表。

　　在连年频繁、残酷的战争环境中坚持出报，邓拓同志费了10年心血，出生入死，坚定不移，他和报社其他领导同志一起，在办报过程中，还培养出一支战斗的新闻队伍。这支队伍，30年来散布在全国各地，已经成为我党思想战线上的一支骨干力量。这支队伍在战争中，曾付出了很大代价，有胡畏、戴烨、罗夫、司马军城、仓夷、弓春芳、罗军、夏曾、张效舜、朱文秀、郑磊俊等二十几个编辑、记者、工人和报务员献出了他们的宝贵生命。那时，邓拓同志组织编辑、记者，自编自演过一个话剧《在游击中》，记述了报社烈士们的英雄事迹。易水无言悲壮士！我们仰面恒岳，向他们哀悼！

　　在敌后坚持斗争过来的《晋察冀日报》，已经是血和火的历史碑文，晋察冀军民的战斗画卷。在抗日战争、解放战争中苦战办报十年的邓拓同志，对党的新闻宣传工作，对根据地的建设，都做出了卓越贡献。到夺取全国胜利的前夕，党的工作重心即将由农村转向城市的历史时刻，《晋察冀日报》完成了它的历史任务，与晋冀鲁豫区的报纸合并出版《人民日报》。邓拓同志当时回忆那十年办报的战斗历程，曾写诗抒发他同根据地人民共同斗争的不尽之情：

毛锥十载写纵横，不尽边疆血火情。

故国当年危累卵，义旗直北控长城。

山林肉满胡蹄过，子弟刀环空巷迎。

战史编成三千页，仰看恒岳共峥嵘。

中华人民共和国成立后，邓拓同志在《人民日报》和思想战线上，继续担任领导工作多年，为党的新闻宣传工作，日夜操劳，用他犀利的战笔，不休地写作。《燕山夜话》和《三家村札记》中他写的一些杂文，继续表现了他敢于坚持我党实事求是的优良作风和坚持真理、宣传真理的顽强战斗精神。这些深受群众欢迎的杂文，至今还放射着真理的光芒。

在《留别〈人民日报〉诸同志》的诗里，他曾回顾在党的新闻战线上工作的二十多个春秋，忆往事，向前看，真是感慨万千：

笔走龙蛇二十年，分明非梦亦非烟。

文章满纸书生累，风雨同舟战友贤。

屈指当知功与过，关心最是后争先。

平生赢得豪情在，举国高潮望接天。

邓拓同志的一生，是战斗的一生。在党的领导下，为发展党的新

闻宣传工作，为传播和捍卫马列主义、毛泽东思想，为无产阶级革命事业，为社会主义新中国的建设，他和群众一起，同国内外敌人坚决斗争，经受住了严峻的考验，写下了许多战斗的篇章，不愧是我们党的优秀党员，卓有贡献的新闻宣传家。他在临终写给彭真同志、刘仁同志和中共北京市委的遗书里，对共产主义事业仍坚信必然胜利。他写道：当我要离开你们的时候，让我再一次高呼：社会主义和共产主义的伟大事业在全世界的胜利万岁！邓拓同志虽然离开了我们，但他那排万险，向前看，坚持争取胜利的战斗精神，在实现四个现代化的征途中，仍是鼓舞我们前进的力量。

文旗随战鼓

——回忆邓拓同志在《晋察冀日报》对编辑记者的培养

张　帆

　　邓拓同志是我尊敬的良师益友。抗日战争和解放战争时期，我在邓拓同志领导下工作，对他的无产阶级高贵品德、认真负责的工作态度，对敌斗争的勇敢坚定，对同志的团结、谅解和帮助，以及他的超人才华，有深刻的印象。中华人民共和国成立后，每逢节日，我和原《晋察冀日报》的同志常到他家去看望他。虽然他工作很忙，但每次总是热情地接待我们，经常谈到夜深人静，他还不让我们走；有时还高兴地用他那刚劲、潇洒的书法，把毛主席的诗词写给我们。如今，每当我们看到邓拓同志的这些手迹，当时他那种意气风发的音容笑貌仿佛就在我们眼前。

　　在悼念邓拓同志的时候，使我想起他为党的新闻事业培养编辑、

记者所做的许多工作。

深入虎穴，在斗争的第一线，
采访第一手材料

在敌后的残酷战争年代，邓拓同志就是这样培养、教育和使用记者的。每次反"扫荡"，每次部队出击，他都召集我们几个青年记者，说明意义，要我们立即奔赴前线。敌人每次"扫荡"边区，总想搞垮《晋察冀日报》，而邓拓同志总是以顽强的斗志，鼓励报社的全体同志，坚持反"扫荡"，坚持出版报纸。在烽火中，他写过一首浩气长存的诗：

> 笔阵开边塞，长年钧剪风。
>
> 启明星在望，抗敌气如虹。
>
> 发奋挥毛剑，奔腾起万雄。
>
> 文旗随战鼓，浩荡入关东。

1940年，八路军在敌后发动了百团大战，我晋察冀边区部队在南面正太路向娘子关、井陉一带出击；在北面，向涞源、灵邱地区敌伪的据点出击。面对这种形势，邓拓同志特别高兴，要我们立即从阜平报社出发，日夜兼程，跟随作战部队，报道百团大战。在他的鼓舞下，大家情绪很高，跋山涉水，边走边说。一位同志个子不高，走得飞快，到井边喝水时，他才停下来，我们开玩笑说他像个"兔子"，"这回百团大战，是不见兔子不撒鹰啊！"前面是阜平、唐县、涞源交界处的五回岭，这是座上下几十里的大山。我们一口气爬上去，到了山顶，环顾太行山的群峰都在我们脚下，心胸豁然开朗。大家放下背包就唱起抗大校歌。我随一分区老三团打三甲村，那是日寇坚守的据点。战斗的结果，敌人全部被歼灭在碉堡里。我从战斗中获得了第一手材料。后来敌人刻碑记述了这次败绩。

太平洋战争爆发后，日寇在敌后搞了一个所谓治安强化运动的配合行动，巩固其"大东亚圣战"的后方，加强在中国的占领区的统治，妄图实现其以战养战的阴谋。邓拓同志对此非常注意，他要编辑部揭露敌人的这一阴谋，并派记者到游击区和敌占区去采访，以获取第一手材料。经过长时间的实地采访，写出了如《治安强化运动的台上和台下》等通讯，有力地揭露了敌寇治安强化运动的阴谋本质，鼓舞和教育了人民。

在每次粉碎敌寇发动的"扫荡"和"铁壁合围"的激烈战斗中，邓拓同志总是派记者到最前线，采访第一手消息。仓夷同志写的《李勇大摆地雷阵》，就是1941年在阜平和李勇同志一起反"扫荡"，他从战斗中获取的材料写成的。这些消息、通讯真实地反映了晋察冀军民英勇机智，敢于斗争，敢于胜利，迫使敌伪虽然进到晋察冀腹地而站不住脚，最后以大败、滚出边区而告终。在反"扫荡"中，一分区部队在易县的黄土岭，击毙了日寇阿部中将。这是我军在抗日战争中

打死的第一个日本中将。日本军国主义心疼哀鸣，称他为名将之花谢落在太行。邓拓同志抓住这个题目，组织文章在报刊上宣传我军的胜利，大大地鼓舞了边区军民的抗敌斗志。

1941年反"扫荡"时，报社在四分区平山县滚龙沟坚持出报。邓拓同志让老弱病号到一分区"坚壁"，留下身体好的编辑，分成三四个小队，坚持出报。中央小队在二庄，由邓拓同志率领；另在滚龙沟口、大庄和北沟口各设一个小队，各队相距三五里，一有敌情，立即报告二庄小队，编辑部随即转移。这样报社坚持了在反"扫荡"中出版报纸。一位编辑同志被俘，但他在被押途中，乘敌不备跳进滹沱河，被水冲到岸边，深夜逃回报社。

1943年，日寇再次对晋察冀边区大举进攻，搞了所谓分进合击的"铁壁合围"。《晋察冀日报》在邓拓同志的率领下，从平山县的滚龙沟、陈家院转移到五台、灵寿两县交界的漫山地区，坚持在反"扫荡"中出版报纸。邓拓同志把报社分成两个梯队，前梯队员负责侦察掩护，后梯队员负责编辑出版。邓拓同志和编辑、记者，都是一手拿枪，一手拿笔，人背轻便电台，八匹骡子驮着改装的轻便印刷机和出报器材，在敌人合围的夹缝中迂回转移；在上有敌机盘旋侦察，四周有敌军包围的极端艰苦的环境中，架设电台，突击编写稿件，争出一期报纸。漫山是在深山密林中的一个小村庄，大家住在草房里，吃着煮的南瓜、山药蛋，但同志们始终保持着高昂的战斗热情。当我从二分区蛟潭庄赶到漫山村报告敌情、送稿件时，见到邓拓同志，他虽面黄肌瘦，眼睛熬得通红，但精神抖擞。

他告诉我：敌人"扫荡"疯狂，情况严重，报纸要坚持出版，坚持和敌人转山头，一是向南回平山、灵寿地区的边区腹地；一是向西越过太行山，到敌后的敌后。无论到那里，我们的报纸都要坚持出版。他要我通过石咀子封锁线，翻过五台山，到豆村北沟，找五台县党政领导机关，看报社能否到那里坚持出版。同时要采访我党敌后的各项工作开展情况，特别是那里的游击战异常活跃，侵扰得敌人顾前顾不了后，顾东顾不了西的情况。当我从五台县豆村北沟回来时，得悉邓拓同志率领报社同志在灵寿县陈庄后山，向阜平、五台间的白草坨转移时，夜间与敌人遭遇，他骑的马被打伤，他身边的四个同志牺牲了。他和同志们一起掩埋了烈士的尸体后，转到一个山村，又立即架上电台，派出记者做群众工作，坚持编报出版。

在这次反"扫荡"的斗争中，国际编辑组组长胡畏、英文收报员黄庆涛、郑磊俊和职工弓春芳、侯春妮、安志学、曹斗斗等七位同志，在阜平水峪沟和灵寿北营村英勇牺牲。

1945年8月，日本无条件投降，十八集团军朱德总司令命令日伪军向所在驻地的八路军、新四军投降，晋察冀边区任命了北平、天津、唐山、秦皇岛等市的市长和卫戍区司令。我当时随冀中军区部队，扫荡大清河北的敌人，攻克天津郊区重要伪军据点五庆坨，解放了天津南郊地区。中共天津市委在天津近郊区办公。这时邓拓同志率领报社的同志，迁到了刚解放的张家口。他根据上级的指示，要求前线记者设法到敌占区，深入虎穴，在斗争的第一线采访，揭露蒋介石收编日伪军，准备打内战的阴谋。我接到指示，请示了中共天津市

委，便和晋察冀军区抗敌剧社的一位同志一起，化装从子牙河乘小船进抵天津城内，采写新闻。

1945年底，邓拓同志打电报要我返回报社。在1946年初农历除夕，我赶到张家口。艰苦抗日八年，终于胜利了，大家相见时高兴得手舞足蹈，纷纷叙述离别后报社的情况以及受降的种种趣闻。邓拓同志特别高兴。见面后，他对我说："采访科是报社的采访科，也是新华社晋察冀总分社的采访科。记者全都是老记者，都是经过八年抗战锻炼的老同志。你们一定要把工作搞好哇！"

当时解放区正在进行土地改革，报纸编辑部的意见，记者大都派到农村，报道土地改革和农业生产。一天深夜，通讯员送来邓拓同志用毛笔写的一张字条："奉聂（荣臻）指令，即派得力记者到北平军调部采访。"我立即请示编辑部的领导，当时我和采访科另一记者在张家口随军事调处执行部第五执行小组采访，此外在报社已无别的记者。恰好由《晋察冀日报》调《北平解放报》的仓夷同志刚回张家口，我们共同商定请仓夷同志立即赶赴北平军事调处执行部。仓夷同志是晋察冀边区的优秀记者，经常深入战斗第一线采访，这次他赶赴北平，由于没来得及很好准备，匆忙上阵，结果他误乘了去大同的飞机，被敌人在大同杀害了。报社同志闻讯后，异常悲痛，大家决心做好工作，为烈士报仇。这年9月，我军反击大同的敌人。邓拓同志亲自率领《晋察冀日报》前线记者团来到大同前线，进行战地采访。但是，他到达后的第二天，张家口来电，有急事要他速回。邓拓同志对他还没有开展工作就要回去，感到十分遗憾。他要我们做好报道工作，并嘱咐我：捉到了杀害仓夷同志的凶手，立即报告他。

报社在抗日战争和解放战争中，一共牺牲了25位同志，其中优秀编辑、记者戴华、顾宁（司马军城）、仓夷、陈辉、胡畏、伊文鲁（女）、田雨、肖逸、罗夫等烈士。每次提到这些同志的名字，邓拓同志都十分激动。在悼司马军城同志的诗中，他写道：

> 朝晖起处君何在，千里王孙去不回。
>
> 塞外征魂心上血，沙场诗骨雪中灰。
>
> 鹃啼汉水闻滦水，肠断燕台作吊台。
>
> 莫怨风尘多扰攘，死生继往即开来。

努力学习，积累资料，勤于写作，言传身教

邓拓同志博学多才。他十分注意搜集，抄录和剪存各种书刊报纸的资料，他认为，对任何事情都不应该像"过眼烟云"，真正所谓成就，也就是在前人的知识和经验的基础上有所发展。没有积累，就什么也谈不上。

邓拓同志努力学习和宣传毛泽东思想，抗战初期他熟读《论持久战》《新民主主义论》，并且认真地组织领导我们学习。当时在党内深入地学习、讨论了《共产党人发刊词》，对我们教益极大，使我们对于党的领导，武装斗争，统一战线，这革命三大法宝的关系等，

有了认识，至今记忆犹新。

　　每次敌寇对晋察冀边区进攻，不管是分进合击，"铁壁合围"，还是"扫荡"，他都根据党的指示，撰写社论，从1938年冬他写《论民族自尊心和抗战胜利》开始到1945年8月日本投降止，他写了大量的社论，揭露敌人，鼓舞军民。在激烈残酷的反"扫荡"战斗中，一个月内出版了26期铅印报，发表的20篇社论，大部分都是邓拓同志写的。《晋察冀日报》在反"扫荡"中坚持出版，不仅传播了党的指示，传播了胜利的消息，鼓舞了军民斗争的信心，而且锻炼和培养了党的新闻骨干力量，积累了战时出报的丰富经验，这在中国新闻史上是罕见的。

　　每次反"扫荡"胜利后，邓拓同志都召集会议，进行总结，庆祝胜利，还组织修房种菜，赛篮球。有时还自编自演话剧。一次演出《在游击中》话剧时，一个小勤务员上台没经验，慌了，看台上没人说话，他着急了，问："该我说了吧？"台下观众大笑，喊道："该你说了！该你说了！"革命的乐观主义笼罩着全场。

　　邓拓同志怀着对反"扫荡"和抗日战争的胜利信念，豪情满怀，用诗歌歌颂了晋察冀边区人民的战斗生活。其中有一首《反扫荡归来》，写道：

　　　　　　太行北峙壮玄黄，群迭奇峰上碧苍。

　　　　　　峦气未消操大野，兵氛才过砌新墙。

　　　　　　秋风处处忙收获，春雨年年乐垦荒。

自是人工天可胜，全凭铁手保家乡。

在敌后开展大生产运动，对支援战争，保证军民供应，有极重要的意义。但是在敌强我弱的情况下，在敌人不断"杀光、抢光、烧光""三光政策"的破坏下，种子、农具、耕畜被抢，人被打死打伤或被抓走当"劳工"，生产总是受到影响。后来，徐水的游击区有位张瑞同志，搞了个"劳武结合"的合作社，新华社晋察冀分社写了新闻发到延安，新华社立即转发，《解放日报》发了社论，邓拓同志对此十分注意，要我们重视这个有创造性的典型事例，指出应当连续报道。

报社当时也组织编辑、记者、工人进行生产，有的做肥皂，有的搞编织，有的到山上开荒。我们几个年轻的编辑、记者到阜平县最高的神仙山上开荒，天很冷，没有房子，都睡在小小的石坎里，身子在里边，脚露在外头。夜间狼跑来嚎叫，后来才知道这是因为火线剧社的同志掏了两只狼羔子，因此大狼夜间来寻找。当时生活十分艰苦，用水要下山到山沟里取。邓拓同志听说这种情况，派人送来慰问信和油条，鼓励大家。报社还分散经营一些小的手工业制纸作坊。

1942年中国共产党成立21周年时，邓拓同志专门写了《全党学习和掌握毛泽东思想》的长篇社论，阐明"中国共产党所以能够领导20世纪的中国民族解放和社会解放的伟大革命斗争，所以能成为政治上、组织上、思想上全面巩固的广大群众性的强有力的党，就是因为有了毛泽东思想。"这篇社论号召："必须高举毛泽东思想的旗帜，

把它应用到每一个具体问题和实际斗争中去。"

1944年5月，在中共中央晋察冀中央局的领导下，由邓拓同志主持编辑出版了《毛泽东选集》，共五分册，这是我国出版的第一部毛泽东同志的选集。卷首的《编者的话》，是邓拓同志写的，内容同1945年七大通过的党章的精神是一致的。他从历史唯物主义的基本观点出发，按照理论与实际的辩证关系，指出毛泽东同志"他真正掌握了科学的马列主义原则，使之与中国革命实践密切结合，使马列主义中国化。"他强调要读马列原著，要理论联系实际，学习马列主义的立场、观点、方法。反对寻章摘句的学习方法。

我是1939年刚从抗大毕业，分配到《晋察冀日报》的，不懂什么新闻采访和写作技巧，半年写的稿件，报社几乎都不用，原因是我对实际问题，对晋察冀边区的各项政策和建设情况不了解。我有些灰心，感到做记者难以完成任务。后来我在灵寿县一个区公所作调查，了解到一些问题，写了份材料，编辑部加了标题"区政权建设刍议"发表了，邓拓同志鼓励我说，记者就要研究边区的实际问题。

一位同志回忆说：我们当时编辑稿件，总是有一个框框，老一套，标题也总是八股，一般化。一次敌寇"扫荡"冀中，我军反击的战果不大，很难标题。我拟了一个"冀中粉碎敌寇扫荡"的标题，非常平淡。邓拓同志看了，改为"冀中平原敌寇决堤，田园千里尽被水淹"，文中叙述了我冀中军民反"扫荡"经过。这个题目抓住了本质，而且引人注意，给我教育很大。还有一次，我在反"扫荡"前写了一篇短文，题为"反对麻木与惊慌失措"，邓拓同志阅改后，作为社论发表，这给我很大的鼓舞和教育。

另一位同志回忆说：我开始做记者，搞了好久，才搞出几篇东西，但报上一登才几百字。后来叫我做行政工作，搞总务去。在邓拓同志领导下，我又做记者，他放手让我采访，充分信任，热情鼓励，后来我终于写了《狼牙山五壮士》等较好的通讯。

邓拓同志要求记者不仅会采访，还要有编辑业务知识，了解编辑如何取舍，修改稿件。几乎所有记者回社都当过编辑。出去是记者，回来是编辑。这种编采合一的办法，是《晋察冀日报》的传统。这对记者、编辑的成长很有好处。

每次记者出发，邓拓同志都有指示，回社，他要听取汇报。他要求记者掌握大量的材料，进行分析比较，不要罗列事实，要把最重要的写出来，要使人感到亲切。听取汇报时，他很少批评，总是鼓励大家多写，多采集材料，多看书，多想问题。一次，我采访回来向他汇报，他一边听，一边用毛笔飞快地写社论，我心里有些不高兴："你听见我汇报什么了吗？"我汇报了半小时，他的社论草稿已写好，发排清样去了。他放下笔说，这篇稿子要赶快送审。你再谈吧，刚才谈的那个问题很重要。我问：老邓同志，你写稿为什么能写得飞快，不打草稿。他说：我从中共中央晋察冀分局回来，在马背上已经打好了腹稿，有了腹稿，写就快了。我觉得这是个很好的经验，这也是欧阳修所说写"三上文章"的经验，在战争年代和中华人民共和国成立之后的一些采访中，我也是学这个办法，采集材料之后，在步行、骑马、乘车时，尽量打腹稿，以节省时间，争取写作快。

　　我们在回忆邓拓同志对我们的教育时，对他作风正派、光明磊落、勇于承担责任，都有深刻的印象。《晋察冀日报》在第二次世界大战中，对盟军在意大利登陆，曾出了个号外，说这是开辟了第二个战场，这件事受到上级批评。本来这不是邓拓同志直接处理的，但他勇敢地承担起责任，进行检查。邓拓同志对原则问题和工作中的错误，是抓住不放的，但批评方式是说服教育。一位同志回忆说：一次"七七"抗战周年纪念日，邓拓同志要我们注意收广播，我忘了告诉有关同志，结果漏收了头一段。邓拓同志知道后，批评我说：你要及时告诉那位同志就好了，那就不会漏收要闻。后来我们想办法补抄了这段新闻，但却一直感到内疚，觉得自己没有为革命尽忠职守。虽然这件事发生在三十几年前，但至今记忆犹新。如果当时邓拓同志骂我一通，我也会接受的，但恐怕早已忘了个精光，因为那样不能启发我的内心斗争和自觉性。

依靠党委，开展群众的通讯工作，帮助地方办报，培养编辑记者

　　邓拓同志对办好《晋察冀日报》，是呕心沥血的。他十分注意依靠党办好报纸，重要社论起草后，哪怕深更半夜，他也要送到中共中央晋察冀分局，有时亲自骑马送去，和领导共同研究定稿。在敌人频繁的"扫荡"中，尽管斗争十分艰苦，然而他总是想尽各种办法，坚

持办好报纸，鼓舞边区人民坚持抗日斗争。彭真同志曾在《晋察冀边区与晋察冀日报》的专论中，表扬《晋察冀日报》："已成为边区人民的喉舌和思想武器"，"也是边区人民忠实的言论代表和行动指针。"但是邓拓同志对所获得的成绩不满足，他要求报社一方面依靠分局领导的支持，开展通讯工作，派记者到地委任通讯干事，指导通讯员工作；在报社内部设立通讯部，密切和作者通讯联系，对每一稿件的处理都有交代，不用的稿件还写出书面意见，告诉作者。在一定时期，分地区或由分局召开通讯工作会议，这样就有力地开展了广泛的通讯工作，使报社得到大量稿件和情况，成为有群众通讯员队伍的报纸。另一方面，邓拓同志把军队、政府、群众团体中的一些有实际工作经验的干部，调到报社当编辑，把报社一些编辑、记者派到各地区，帮助地方办报纸，成立通讯分社。抗日战争时期，冀中区的《冀中导报》、平西的《挺进报》，解放战争时期的冀晋区的《冀晋日报》《石家庄日报》、察哈尔省、热河省的报纸以及各地的新华分社，都有《晋察冀日报》的编辑、记者帮助或参加工作。这样不仅对地方报纸、通讯社是个支持，而且对编辑记者也是一个好的培养方法。

中华人民共和国成立之后，在社会主义革命和社会主义建设时期，邓拓同志还是像战争时期那样满怀豪情，战斗在新闻第一线，不停地用笔进行战斗。他不做新闻官，他仍然是编辑、记者，写新闻、社论、杂文，做社会调查。1962年，他赠给原《晋察冀日报》一位同志一首诗，回顾了过去战斗年代的艰辛，这首诗写道：

廿年回首话前尘，尚有故交解苦辛。

创业由来皆草莽，更从建设学贤人。

尚有故交解苦辛

邢显廷

廿年回首话前尘，尚有故交解苦辛。

创业由来皆草莽，更从建设学贤人。

这是邓拓同志在1962年春节时写给我的一首诗。抗日战争和解放战争时期，我一直在邓拓同志领导下工作。从诗中可以看出阔别多年的战友相逢，亲切莫名，重话当年的战斗生活和战斗友谊。

邓拓同志从抗日战争开始，一直从事党的新闻工作。他为创建和发展党的新闻事业呕心沥血，艰苦备尝。抗日战争时期，条件极端困难，《抗敌报》刚出版时，就是用很原始的油印机印的。邓拓同志一边主持报纸的编排工作，一边想方设法创建和发展自己的印刷厂。不久，从敌占区弄来了两部破旧的手摇铅印机，我们的报社总算有了印刷机。有些印刷器材没有，邓拓同志就领导我们自力更生解决，或者

用缴获敌人的战利品来补充。经过八年艰苦抗战，解放了张家口，邓拓同志和我们一起收缴了日伪"蒙疆新闻社"，我们报社才有了高速轮转机。报社每增添一个铅字、一部机器或一把打版刷子，都渗透着邓拓同志的心血。

邓拓同志不避艰危，一心为解放中华民族而战斗。他平时是报纸宣传的指挥者，战时又是指挥作战的司令员。晋察冀日报社驻地在晋察冀边区北岳区，从1938年到1943年，日寇对这个地区先后七次大举进犯和"扫荡"，一次比一次残酷。1938年9月，敌人以五万兵力进犯。那时，报社刚刚建立不久，这支文化队伍没有战争经验，邓拓同志沉着果敢，率领干部和工人，几次跳出敌人的包围圈，和敌人周旋，一面战斗，一面出报，出色地完成了任务。1939年冬，敌人又来进犯，报社这支新闻队伍，转战到易县境内，被敌人包围，邓拓同志勇敢地带领队伍深夜突出重围，再一次经受战争考验。1941年，敌人以十万兵力大举"扫荡"，邓拓同志带领报社这支队伍，一面在反"扫荡"中坚持出报，一面进行游击战争。待转移到建平境内的六亩园，突然被敌人团团包围。在危急关头，邓拓同志不怕牺牲，带领大家奋勇冲出了包围圈，转战两个月，坚持工作和战斗。1943年秋冬，敌人又纠集重兵大举进犯，手段更狡猾、更凶残，"扫荡"时间长达三个月。邓拓同志在残酷的环境里，意志坚定，情绪乐观，斗争越艰苦，精神越饱满，精力越旺盛，他对待艰难困苦，如同家常便饭。邓拓和张致祥等同志，带领报社的一支队伍活跃在阜平、建平、孟平、五台一带。这是一支"野战军"，一面坚持出报，一面打运动战，反

"扫荡"。开始转移的第四天夜里，队伍行至灵寿南营，和敌人遭遇，打一次遭遇战。邓拓同志不顾个人安危，带领大家保护印刷器材，边打边转移。虽然他的骑骡被敌人枪弹打死了，他自己也险遭牺牲，但他毫无畏惧，终于甩开敌人的围追，把队伍带到日卜一个小山村里，一面出报，一面休整，总结经验，迎接更大的困难，继续战斗。敌人"扫荡"越来越疯狂，到了深冬，我们队伍转移到"无人区"，常常不知什么时候才能吃上一顿饭，有时连粮食也没有；睡觉的时候也很少，数九寒冬我们身上只穿一身薄棉衣，在墙旮旯的积雪里团一会儿，就算是睡了觉。敌人要包围我们，我们就和敌人"捉迷藏"，一会儿跳出包围圈，一会儿又钻到敌人鼻子底下，有时敌人在山北，我们就转到山南，敌人到沟底，我们就上山。在敌人的炮火下和敌人转山头。邓拓同志在这空前艰苦困难环境里，经受了一次又一次战斗的严峻考验，以无产阶级大无畏精神，带领队伍，战胜了敌人残酷的"扫荡"。为了准备反"扫荡"，粉碎敌人的进攻，把报社印刷设备轻装化，邓拓同志亲自和工人同志研究改装，把笨重的印刷机改得轻便适用。全部设备几头驮骡即可运走，这就是后来传为美谈的"八头骡子办报"。邓拓同志亲自写的许多社论、文章，有的就是骑在骡子上一边行军一边写出来的。

1942年整风以后，邓拓同志坚决按照党中央、毛主席的号召，精兵简政，把报社精缩成一支打不垮、拖不烂的又文又武的新闻队伍。同时，按照毛主席自己动手、丰衣足食的教导，开展大生产运动，种粮食，搞手工业，还搞运销。邓拓同志在生产劳动中，一直以身作

则，带头劳动，每年他上交一百斤粮食。他还学会做木工活，成了过硬的木匠。邓拓同志是很平易近人的。在报社，上上下下，谁也不称呼他的"官衔"，只喊他"老邓"，连老乡也这样叫他。大生产时，我们到山上修水塘，还是春寒季节，水冷得扎人。邓拓同志把鞋一脱，首先跳到水塘里。1944年，报社驻阜平五区雷堡，没有房子。邓拓同志号召："自力更生，上山挖窑洞！"大家都动起手来，他带头挖，自己挖了一个很漂亮的窑洞。在战争年代的艰苦岁月里，他作为高级干部，按规定可以给些照顾，吃顿细粮，可是他从来没吃过小灶。同志们吃盐水煮倭瓜，他也一样吃。邓拓同志艰苦奋斗、平实朴素的作风，是使我难忘的。

邓拓同志在宣传工作上，坚决遵照党中央每一时期的宣传路线、方针、政策，进行宣传。他主办的报纸，方向正确，又生动活泼。多少年来，邓拓同志模范地遵守党的宣传纪律，对内对外宣传准确无误。邓拓同志还特别注重向敌占区人民宣传马列主义、毛泽东思想。报社除了出报，还出版马列、毛主席著作，常把毛主席著作如《论持久战》《新民主主义论》伪装成《三国演义》《红楼梦》之类的书，通过做城市工作的同志秘密带进敌占区。

邓拓同志是无产阶级的新闻战士，是优秀的宣传家，为党的新闻事业立下了卓越的功绩，为新民主主义革命和社会主义革命作出重大贡献。邓拓同志受"四人帮"的诬陷迫害含冤而死。华国锋同志为首的党中央打倒了"四人帮"，人民为您昭雪了奇冤。您可安慰于九泉，人民是永远忘不了您的！

怀念马克思主义史学家邓拓同志

刘永成

邓拓同志的一生，是革命的一生，战斗的一生。作为一个历史学家，他在历史科学战线上，积极宣传马列主义和毛泽东思想，同各种反马克思主义思潮进行坚决斗争。早在第二次国内革命战争时期，邓拓同志根据现实斗争的需要，积极投入中国社会史问题的大论战。当时，国民党反动派为了配合对革命根据地的反革命军事"围剿"，在白区发动了反革命文化"围剿"，作为这场斗争的一个组成部分，在史学领域，首先是托派分子严灵峰等人挑起了中国社会性质问题的论战。他们为了反对中国共产党的民主主义革命纲领，否定中国人民反帝反封建的民主革命的任务，胡诌当时中国已经是"资本主义社会"。一批中外反动史学家也鼓噪而起。他们扯起中国"国情不同"这面黑旗，别有用心地提出中国历史上不存在奴隶制社会、中国封建社会在周朝就已瓦解、汉代已经是商业资本主义社会等奇谈怪论，

妄图否定马克思主义关于人类社会发展的普遍真理，否定中国革命的必要性。面对敌人的猖狂进攻，邓拓同志写了许多具有强烈现实感和战斗气息的历史论文，进行了针锋相对的斗争。他在《论中国历史上的奴隶制社会》一文中，以大量无可辩驳的史实，论证了"奴隶制度的许多基本特征，在中国殷商时代的历史中已经充分表现出来"。并以此阐明："中国的历史有它自己发展的特殊规律；但是，它同其他许多民族一样，是沿着人类社会经济生活发展的共同道路前进的。"文章驳斥说："否认奴隶社会存在的一般性，实际上就抹杀了客观的历史事实，抹杀了历史的规律性，其结果就只有篡改东方和西方许多民族的历史。"邓拓同志在《近代中国资本主义发展的曲折过程》一文中，既严厉地驳斥了朱新繁等人大肆宣扬的"资本主义社会说"和"外铄论"，又批判了所谓中国资本主义不能独立发展，是由于"过去封建政府外交、军事的失策""自然科学不发达""没有海外市场的刺激"等荒谬说教。文章以铁的史实，论证了国际帝国主义侵略中国的历史过程，是使"中国变为一个半殖民地半封建的社会"的历史过程。他在文章的最后部分，斩钉截铁地说："中国还有一次光辉灿烂的、新的产业革命要到来"，接着满怀激情地指出："所谓新的产业革命，绝对不会是资本主义的，而必然是社会主义的。因为旧中国的命运已经昭示了资本主义的'此路不通'。"这是多么深刻而明快的分析啊！

　　中国社会史问题的大论战，实际上是中国民主革命在当时的思想战线和政治战线上激烈斗争的一个组成部分。邓拓同志在这场斗争中，对于托派和中外反动历史学家歪曲、篡改中国历史的种种谬论，给了有力的批判，从而捍卫了马列主义的普遍真理和党的民主主义革命纲领，为我国马克思主义史学的发展，做出了不可磨灭的贡献。

同一时期，由于蒋介石疯狂发动内战，大肆抓兵征税，致使民不聊生，水利失修，农村经济凋敝，造成了国统区灾荒的日趋严重。邓拓同志为了揭露国民党反动政权发动内战的罪行和批驳资产阶级史学家歪曲历史所散布的唯心主义谬论，撰写了《中国救荒史》这部切中时弊的重要论著。他以丰富的史料和统计数字，论证了"我国灾荒之多，世界罕有，从公元前18世纪，直到20世纪的今日，将近四千年间，几乎无年不灾，也几乎无年不荒"。接着一针见血地指出："从来灾荒的发生，带根本性的原因无不在于统治阶级的剥削苛敛。"并说"我国过去数十年间，由于政治的腐败，封建剥削的残酷，战争的频繁，不仅水利组织只有破坏而很少建设；加以广大农村经济破产……就使灾荒接连爆发，不可收拾"。邓拓同志以马克思主义的唯物辩证法为武器，批判了资产阶级史学家宣扬的唯心主义的外因决定论，他说："纯粹拿自然条件来解释灾荒发生的原因，实在是很肤浅的。""自然条件对于人类社会是一种外在的力量，它对人类社会发生影响，是以人类社会本身所具备的内在条件为依据的。"邓拓同志还进而阐明了生产关系与生产力之间的辩证关系，驳斥了某些学者因错误地把生产力看成为一种单纯的技术，从而确定我国数千年来的灾荒，都是由于技术不进步所造成的极其荒唐的论断，他说："生产力与生产关系是密切联系的，我们不应脱离生产关系而孤立地考察生产力的

发展，如果在一定的历史阶段，生产关系能够与生产力相适应，因而促进生产力的发展，那么，即使在当时的技术水平下，也可能避免天灾的袭击，或减轻灾荒凶险的程度。我国过去无数次的天灾，都因当时社会生产力备受生产关系的束缚，很难得到发展，并且因为当时社会经济结构内部矛盾重重，使当时很少有可能建立大量的防灾设备，并常使已有的防灾设备也遭到破坏。"这是贯穿了唯物辩证法思想的极其精湛的论述。正因为本书以唯物辩证法的宇宙观分析了灾荒的发生及其防治，所以它不仅正当时揭露蒋介石发动内战的反动政策和批判资产阶级唯心论方面显示了强大的威力，就是在社会主义的今天，也没有因为时光的流逝，而失去生命力。它在鼓舞人们"避免天灾的袭击，或减轻灾荒凶险的程度"方面，具有积极的意义。邓拓同志这部著作，写成于抗日战争以前，那时他才24岁。但是商务印书馆在刊印此书时，已把它列为中国历史研究的名著。

抗日战争和解放战争时期，邓拓同志因从事其他革命工作，不可能撰写历史方面的著作。中华人民共和国成立以后，他在繁重的工作之余，充分利用了"生命的三分之一"时间，继续战斗在史学战线上。

1954年，毛泽东同志给中央政治局的同志和其他同志写了《关于红楼梦研究问题的信》，发动了对"毒害青年三十余年"的胡适派资产阶级唯心论的批判。邓拓同志积极响应毛泽东同志的号召，写了《"红楼梦"的时代背景和历史意义》这篇具有战斗性和科学性的历史论文。在这篇文章里，邓拓同志首先揭露胡适以资产阶级唯心主义研究《红楼梦》，故意抽掉《红楼梦》的社会背景，歪曲它的历史意义，把它说成是什么"忏悔情孽"的作品。他说："胡适一流人戕杀中国古典文学，扼杀古典作家的现实主义传统、毒害青年读者的不可告人的用心是显而易见的。"接着，他又运用历史唯物主义的观点和丰富的史实，论证了"《红楼梦》应该被认为是代表18世纪上半期的中国未成熟的资本主义关系的市民文学的作品"。伴随《红楼梦》时代背景的深入探讨，开展了中国资本主义萌芽问题的热烈讨论。这场讨论，实际上是对以胡适为代表的资产阶级唯心论的斗争的继续引发展。为了批判唯心论调，推动中国资本主义萌芽问题的讨论，邓拓同志写了《从万历到乾隆》这篇具有科学价值的论文。他从实地调查得来的大批契约、文书，论证了明清时期北京门头沟地区煤矿业中已经产生了资本主义的萌芽。这篇论文的发表，引起了国内外史学界的重视，对推动资本主义萌芽问题的深入讨论，起了重要的作用。必须着重指出，邓拓同志在推动明清社会经济史特别是资本主义萌芽问题的深入研究和讨论中，还为我国的历史研究工作指出了采用史籍研究和实地调查相结合的途径。这无论是在发掘史料（救救活材料和死材料）方面，还是在学术研究工作的开展方面，都起了积极的推动作用。正如他在文章中所说："从万历到乾隆的这个时期去今不远，我们还可以找到当时遗留下来的许多典型厂矿的契约、文书，等等，以补充史籍之不足"，"足以填补我们已有历史知识的缺陷"。这确实是有效的方法。

20世纪60年代初期，鉴于历史学界的一些论著还不同程度地存在着"欧洲中心论"的影响，以及公式主义和思想的片面性等不良倾

向，邓拓同志写了《毛泽东思想开辟了中国历史科学发展的道路》一文。文章深刻地阐述了运用毛泽东思想研究历史的极端重要性。他说毛泽东同志的许多著作，是对中国历史科学的伟大贡献。历史科学工作者应当从毛泽东同志的著作中学到研究历史的理论和方法，找到解决中国历史问题的锁钥，这个锁钥就是必须抓住中国历史的特点，有的放矢地运用马克思列宁主义，解决中国革命的实际问题。邓拓同志在文章中着重论述了历史科学"是一门革命的科学，……具有鲜明的阶级性和党派性，它是一门政治性很强的科学"。他说："历史学领域内的斗争，实际上是同各个阶级的政治斗争密切联系在一起的。中国历史学界过去的斗争完全证明了这一点。每当革命的转折时期，历史学领域就必然引起激烈的斗争。"他强调无产阶级必须"在各个历史时期都要揭发和批判这类反动理论的任何表现。在革命和建设的各个时期，坚持历史科学的革命阵地都有重大的意义"。今天重温这段话，使我们倍感亲切。

邓拓同志还非常重视历史科学的普及工作。在这方面，他与吴晗同志一起，曾经付出了辛勤的劳动，取得了显著的成就，受到广大工农兵群众和青年学生的欢迎和赞扬。在《三家村札记》和《燕山夜话》中，他以杂文的形式，深入浅出地介绍了古代科学技术和历史人物的情况，如《向徐光启学习》一文，向我们推荐了明代杰出的科学家徐光启，介绍了《农政全书》中有关古人"浚渠""水井""架田"等方面的农业科学技术，提出"向我国历史上著名的农学家学习，接受他们已经总结的农业生产的丰富经验和他们总结经验的方法"。邓拓同志要我们重视古人的科学技术知识和经验，要"古为今用"。在《燕山夜话》里，他根据真实的历史记载，一方面肯定了一些历史上的正面人物，如《为李三才辩护》一文，赞扬了明中叶的李三才和东林党人敢于攻击封建黑暗政治，"大胆地揭发了太监利用征收矿税的名义，大肆勒索，为非作恶的罪行"，并对"提议修浚河渠、建筑水闸、防治水旱"的行动，进行了热情的颂扬，宣扬了历史的光明面，伸张了历史的正义；另一方面，对历史上的一些反面人物，如以宦官魏忠贤为代表的"一班顽固腐朽的势力"，大肆搜刮商人，破坏矿业生产、阻碍工商业发展，进行了无情的鞭挞，揭露了历史的黑暗面，为我们正确评价历史人物提供了是非标准，指出了方向。

　　邓拓同志十分关心青年的成长。他对青年同志总是严格要求，循循善诱。无论工作如何繁重，他都要挤出时间尽量满足大家的要求，并耐心地具体指导，有时甚至废寝忘食，一直讲说或写作到夜深人静。他谆谆告诫我们从事科研工作的同志，要在学好马列主义、毛主席著作的基础上，详细地占有材料，理论联系实际。既要具有广博的知识，又要有专门的学问。他把两者的关系形象地比喻为根和叶的关系，"根深叶茂"就是这个道理。他在《欢迎"杂家"》一文中说："无论做什么样的领导工作或科学研究工作，既要有专门的学问，又要有广博的知识。前者应以后者为基础。"他在文章中鼓励我们："专门的学问虽然不容易掌握，但是只要有相当的条件，在较短时间内，如果努力学习，深入钻研，就可能有些成就。"为了阐明打好基

础的重要性，他以革命导师为榜样："马克思在许多专门学问上的伟大成就，正是以他的广博知识为基础的。"

邓拓同志对我的教诲和关怀是多方面的。有这样一件事，至今记忆犹新。那是1957年的春天，邓拓同志已拟订了带我们去苏州等地实地调查有关中国资本主义萌芽资料的计划，但当他得知历史所已为青年同志打好基础而制定了学习理论和业务的规划时，就毅然放弃去南方调查的计划。这件事，邓拓同志当时怕影响我们的学习没有讲，而是后来才告诉我们的。他说："当时我考虑，还是让你们打好基础更重要。"邓拓同志一生理论联系实际、言行一致、表里如一，体现了无产阶级革命家的高尚品质；他对青年史学工作者的成长，处处关怀，事事操劳，表现了老一代马克思主义史学家努力培养革命事业接班人的伟大胸怀。

邓拓同志关怀青年同志的成长，不仅为我们指明了正确的科研道路，而且还提供了正确的学习方法。《从三到万》这篇杂文，就是专门讲学习方法的。邓拓同志在文章中满腔热忱地说："学文化应该一点一滴地慢慢积累，特别是初学的人不宜要求过急。""我国古代的读书人，更早就重视循序渐进的学习方法。这是符合于一般学习规律的正确方法。"文章特别强调了老师的指导作用，他说："必须逐渐学习，并且需要教师指导，不可能只凭什么'天才'就可以很快学会。我们之所以应该重视教师的作用，其理由也就在此。"邓拓同志这样说，也这样做。他在我们的学习和科研工作中，充分发挥了老师的指导作用，使我们受益甚多。我刚走出学校门，便被派往邓拓同志那里搞科研工作。当时我对科研工作还没有真正入门。邓拓同志要我写一篇介绍历史资料的文章。文章写好后，他当面亲自进行修改。从文章的开头到结尾，从观点到材料，从结构段落的安排到标点符号的运用等方面，都耐心细致地边改边讲，改一段，讲一段，并详细地说明为什么这样写不对，那样改就对，为什么这样改就好、那样写就差等。整个修改工作一直进行了三个多小时。通过这次修改文章，使我初步懂得了如何组织、分析材料；如何搞科研、写文章。所以我一直把邓拓同志视为自己从事历史研究工作的启蒙老师。受过邓拓同志亲门培养和具体指导的青年同志何止我一个。据我所知，邓拓同志曾经对《晋察冀日报》和《人民日报》的许多青年记者都是采用这种方法进行指导和培养的。邓拓同志在为国家培养建设人才方面，倾注了他的心血，做出了自己的贡献。

邓拓同志遭受林彪、"四人帮"的迫害，过早地离开了我们，使我失去了一位良师，每当我回顾往事，不能不激发我对他的无限思念和崇敬之情！

死生继往即开来

——怀念邓拓同志

傅 克

> 朝晖起处君何在，千里王孙去不回。
>
> 塞外征魂心上血，沙场诗骨雪中灰。
>
> 鹃啼汉水闻滦水，肠断燕台作吊台。
>
> 莫怨风尘多扰攘，死生继往即开来。
>
> ——《祭军城》

　　1943年，邓拓同志任《晋察冀日报》社长，司马军城（即顾宁）是《冀东救国报》的编辑，我在冀东军区司令部工作，和军城同志朝夕相处。在白官屯突围战斗中，军城同志壮烈牺牲。邓拓同志闻此噩耗，悲愤交集，挥笔疾书，写下了这首《祭军城》。

战时，我和邓拓同志并不熟识。1965年，在《河北文学》上，看到邓拓同志发表的《北岳吟草卅首》。其中，有这首诗和另一首《反扫荡归来》。读后，颇有感触。革命战士，赴汤蹈火，为国捐躯的壮烈情景，又涌上心头，我更加怀念军城同志。

不久，我携带着军城同志牺牲前三天和我的合影去访邓拓同志，请他为我书写那两首诗，以表达我对军城同志的怀念。邓拓同志欣然挥笔，写下了这两首诗赠我。

这两首诗，不仅表现了他对革命烈士的深切怀念和对未来的坚定信念。而且满怀深情地歌颂了根据地人民的战斗与生活。通篇洋溢着革命的乐观主义精神和爽朗豪放的战斗情感。今天读起来还十分亲切和受到鼓舞。

"莫怨风尘多扰攘，死生继往即开来"。那些为祖国的革命事业英勇献身的革命先烈，那些为了祖国的光明与进步，横遭凌辱而含冤死去的人，必将永远为人民所铭记。

第三辑

笔健才高：健笔终存天地间

不灭的诗魂

——怀邓拓同志和他的诗

袁 鹰

一

笔走龙蛇二十年，分明非梦亦非烟。

文章满纸书生累，风雨同舟战友贤。

屈指当知功与过，关心最是后争先。

平生赢得豪情在，举国高潮望接天。

1959年2月的一个下午，人民日报社举行了一次不平常的全社工作人员大会，欢送邓拓同志去北京市委工作。邓拓同志在讲话结束时，念了上面这首七律。他一句一句地念着，有的略加解释，如念到第三句时，他说前几天还有位老同志说他"书生意气未能无"，语气间有点自责，也有点自信。邓拓同志在台上神态安详，感情真切，一如十年来他多次在这讲台上作报告时一样，只是声调中略带着一点怅惘的情味。报社的同志们在台下，静静地聆听，却是心绪如麻，感慨万千。我反复吟咏、咀嚼这八句诗，感到这不是一般的应酬之作，很有点像前人评诗中用过的"深情绵邈，寄托遥深"八个字。

我听说十年前的1948年6月，《晋察冀日报》终刊，要同晋冀鲁豫边区的党报合并为《人民日报》时，作为《晋察冀日报》负责人的邓拓同志也写过一首诗：

毛锥十载写纵横，不尽边疆血火情。
故国当年危累卵，义旗直北控长城。
山林肉满胡蹄过，子弟刀环空巷迎。
战史编成三千页，仰看恒岳共峥嵘。

从那以后，又是十年过去，邓拓同志同报社同志一起，又编成了三千页中国人民革命斗争的光辉战史。而这十年，正是"天翻地覆慨而慷"，"春风杨柳万千条"的伟大年代。三千页战史，章章页页，都渗透了邓拓同志的血汗。作为党中央机关报负责人，他同我们一起经历了许多次雨雪风霜，许多回艰辛欢乐。白天参加或主持会议，找有关同志研究报纸宣传，听记者的汇报；晚上修改社论和文章，审阅

每天的报纸大样，签字付印，通宵达旦，手不释笔。夜里他吃得很少，有时只请食堂大师傅给他盛一小碗稀粥。岁月催人，韶光似水，从"毛锥十载写纵横"到"笔走龙蛇二十年"，诗人头上平添了几星白发。然而，他的满腔豪情，却丝毫不减当年，比起五台山村灯火下编报，长城岭下马背上吟诗的年月，更加显得斗志昂扬，意气风发了。

欢送会刚散，报社内部小报《编辑部生活》的编辑同志就追到邓拓同志办公室。邓拓同志立即挥毫把那首诗写下来，题为"留别《人民日报》诸同志"。两天后，小报登了这首诗，把手迹也制了版。好心的编辑还将它印了许多单幅，发给同志们留念。许多同志把它压在自己的办公桌的玻璃板下，朝夕相对。邓拓同志离开我们后，一想到它，邓拓同志那清癯矫健的姿影，就来到我们面前；那略带福建口音的娓娓声调，就响在我们耳边，跟着也就会有一阵揪心的悲痛。今天，我再一次展诵这首遗作和作者留给人世的几百首诗词，感到这首在当时也许是即兴之作的留别诗，却很可以借来为邓拓同志光明磊落、辛勤耕播的一生，作个比较概括的注脚，使人从中约略地然而也是清晰地看到作者如虹如火的诗魂。

二

邓拓同志生长在福州一个清寒的书香家庭。他的父亲是清朝最后一科（光绪二十九年，癸卯，即1903年）举人，民国后在师范学校当国文教员，直到60多岁因衰病离职止，一直是用菲薄的薪水养活一大家。幼年的邓拓在捡树枝树叶、挖姜挖笋、捞蛤蜊捕小蟹之余，就读书写字。由于当教员的父亲对幼辈管教极为严格，对这个最小的儿子也从不溺爱，所以子女们从小都能吃苦耐劳，发愤好学。邓拓同志从幼年起就如饥似渴地搜读家藏的许多文史古籍。他喜欢练字，又要节省纸张笔墨，便从城墙上搬回两块大砖，用柔软多毛的草叶捆扎成毛笔，蘸着清水不停地在砖上苦练。在学校，他攻史地，又酷爱文学，参加福州城里的一些"诗文会"。他的求知欲极为旺盛，几乎不放过任何能够增长知识的机会：有个叔叔出家念佛，他跟着钻研佛经，还去听当时福州有名高僧圆瑛法师讲经；有个哥哥认识外国传教士，他也跟着去教堂听牧师宣道，翻阅《新旧约全书》；结识了一个研究拳术的体育教员，他就跟着学少林拳。此外，他也有兴趣学绘画、编剧、演戏。邓拓同志一生为人，都是严谨勤奋，一丝不苟，这与少年时期的刻苦磨砺是分不开的。而他日后长期从事革命新闻工作所需要的渊博知识，恐怕也得力于少时的博览群书、涉猎杂家的吧！

邓拓同志后来回忆在故乡的岁月，还兴致盎然地写道：

> 来诗天末写残笺，犹忆儿时课读虔。
>
> 风送塔铃遥自语，月沉鸟梦静初圆。
>
> 高堂贫病暮年苦，战友青春新岁还。
>
> 乡国今朝欣解放，好将马列作家传。
>
> ——《寄父》（1949年）

147

　　"好将马列作家传"，这是邓拓同志进入中年时代的心愿。实际上，他青年时代就向往革命，信奉马列主义，并且很早就立志将自己的青春贡献给多灾多难的祖国，贡献给无比壮丽的共产主义事业了。

　　17岁那年，邓拓同志离开家园，告别榕城，走向广阔的天地。那是1929年。神州大地的上空，正弥漫着郁闷的阴霾，轰轰烈烈的第一次国内革命战争，由于蒋介石的屠杀和陈独秀右倾机会主义的投降，宣告失败。南昌起义打响了武装反对国民党反动派的第一枪，广州起义燃烧起建立无产阶级专政的火炬，毛泽东同志率领秋收起义的队伍开上井冈山，在暗夜迷茫中开辟了通往光明的崎岖道路。革命召唤了中华儿女壮怀激烈地注目祖国山河。青年的邓拓同志满怀着对未来的向往和追求，写下了《别家》：

空林方落照，残色染寒枝。

血泪斑斑湿，杜鹃夜夜啼。

家山何郁郁，白日亦凄凄。

忽动壮游志，昂头天柱低。

——（1929年秋）

　　他背着简单的行李、穿着朴素的衣衫，踏上上海码头。十里洋场，一面是严肃的工作和艰苦的战斗，一面是酒红灯绿、纸醉金迷。青年的革命志士在这里找到了马列主义，找到了党。邓拓同志在家乡虽然读过《新青年》，在上面密密麻麻地用墨笔圈圈点点，但是大量地接触到革命书籍，却是在到了上海以后。深深地吸引着他的，不是南京路上的车水马龙，不是黄浦江上的万国轮船，而是那浩如烟海的书城。一个求知欲极强的清寒学生，一脚跨进一个新奇神妙的精神世界，在淳朴的心田中注进了不尽的清泉。于是，他的诗篇里开始出现刚健的调子：

> 两间憔悴一书生，长对青灯亦可惊。
>
> 不卜文章流海内，莫教诗酒误虚名。
>
> 得伴前辈追真意，便是今生入世诚。
>
> 白眼何妨看俗伧，幽怀默默寄书城。
>
> ——《书城》（1930年）

"得伴前辈追真意，便是今生入世诚"。18岁的邓拓同志发出真诚的心声：能够学得革命前辈那样孜孜不倦地追求马列主义真理的精神，便是自己为光明的中国奋斗终生的一片至诚了。虽然用了佛经上的语汇，意思却是十分明白的。

邓拓同志并不是把自己整天圈囿在书城里的书呆子，他把自己的信仰付诸实践。1932—1933年，他一面在上海政法学院读书，一面参加党领导的进步活动。这个来自南国的瘦弱青年（同伴们都称他为小邓），整天东奔西走，办壁报，编刊物，在南京路上游行示威，在闹市街头宣传演讲。这些活动，今天也许有人会随便地斥为"左倾机会主义路线的错误行动"，然而当时参加这些活动的党的儿女们，不顾

遭到帝国主义巡捕和国民党特务密探逮捕屠杀的危险，努力宣传群众，组织群众，难道不值得我们崇敬吗？那些牺牲在龙华、雨花台的先烈们，岂不更值得后代人永远追思吗？

邓拓同志被捕过，在国民党苏州反省院羁押过。铁窗生活并没有消磨他的铮铮铁骨。他写道：

······

血迹殷半壁，雷声动一阿。

铁窗风雨急，引吭且狂歌。

——《狱中诗》（1933年）

在另一首诗里，他的耿耿丹心和峥嵘意志更加表达得酣畅淋漓：

囚奴期破晓，狱卒守残更。

碧海终填尽，黄河必涤清。

今朝穷插棘，来日矢披荆。

万众摧枯朽，神州定铲平！

在插棘的囚室里，他想到的是披荆搏战、勇往直前的来日。而且深信人民大众摧枯拉朽的力量，定能铲平万恶的旧社会。

出得牢笼，他"放声一曲大江东"，奔向抗日救亡的新战场，"心潮奔日夜，剑魄隐风湍"（《开封寄李公绰》），渴望着"四野又烟烽"（《走出》）的明朝快点到来。不久，抗日战争的烽火果然燃烧起来了。邓拓同志投笔从戎，到了五台山抗日游击根据地。在中共中央晋察冀分局领导下，他同一些年轻的新闻战士，一起创办了《抗敌报》（后来改名《晋察冀日报》），开始了"笔走龙蛇"的战斗生涯。他的战友，夫人丁一岚同志追叙这段生涯时写道："仅仅在1941年到1943年这三年间，报社的队伍就翻越过五台山、恒山、燕山的许多崇山峻岭，渡过了唐河、易水、沙河、拒马河、滹沱河等大大小小的河流，住过许多使人难忘的亲切的山村。"（《忆邓拓》）五台烽火，塞上风云，战士豪情，人民血泪，一齐倾泻到他的笔底。从此，他的诗作不仅数量大大增加，而且意境更高，更加具有感人的艺术力量。也从此，他的诗句在南国儿女的清新妩媚之中，又不断增添燕赵英豪的慷慨悲歌了。

十年的峥嵘岁月，三千页的辉煌战史，邓拓同志曾经为它付出多少心血和汗水！在反"扫荡"斗争中辗转在边区的山山水水，几头骡子驮着轻便的印刷机，人背着轻便的电台，编辑、记者们一手拿枪，一手拿笔，同疯狂残酷的敌人周旋，坚持出报。邓拓同志常在草棚里写社论，在碾台上编新闻稿。敌人妄想搞垮这个报社，但邓拓同志和同志们一天也没有离开自己的战斗岗位。他满怀革命乐观主义精神，用诗鼓励大家：

笔阵开边塞，长年钩剪风，
启明星在望，抗敌气如虹。

发奋挥毛剑，奔腾起万雄。

文旗随战鼓，浩荡入关东。

　　邓拓同志自己对这段血与火织成的岁月是一直深深怀念着的。解放战争时期，晋察冀日报社撤离张家口以后，有两年驻在阜平县马兰村。邓拓同志对这个小小的山村，对村干部和老乡，都很有感情。直到离开那里十多年后，他写《燕山夜话》时，特意署名马南邨。后来还镌有一方闲章，上刻"马南邨人"，以示对边区和边区人民的依依眷恋之情。这种强烈的、浓郁的革命情怀，一直洋溢在他的诗作中，充满战斗激情，深沉而真挚。"从喷泉里出来的都是水，从血管里出来的都是血"。他参与编写了三千页战史，他那些发光的诗篇，又何尝不是这三千页战史的组成部分呢？

　　邓拓同志为党为人民奋战了一生，在他临死前两三个月，虽然横遭诽谤摧残，但他仍然没有动摇对社会主义、共产主义的坚强信念。1966年5月17日深夜，在他生命的最后时刻，他还在真诚地向党呼喊：

　　"我的这一颗心永远是向着敬爱的党，向着敬爱的毛主席。"

　　这是他的赤胆忠心和他的诗魂的最后表露！

三

　　"文章满纸书生累，风雨同舟战友贤。"20年前，当我们听到邓拓同志用深情的语调念到这两句的时候，大家是免不了"别是一般滋味在心头"的。邓拓同志在报社工作中，肩负重任，艰苦勤劳，有功归党，有过归己，兢兢业业，任劳任怨，经得起批评，受得住委屈。在与同志相处中，他热忱诚恳，平易近人，不搞摆架子、发脾气那种低级趣味。即使对待公务员、通讯员，他也总是说"请你帮我"如何如何，从不用命令、训斥的口吻。1953年元旦第二天夜晚，我们几个三天前刚从外地调到报社来的同志，有点惴惴然地走进他的办公室。邓拓同志请我们坐下，为他不能在我们来到的第二天就同我们谈话表示歉意，然后用商量的语气，一一征询我们每个人对所分配的工作的意见。总编辑亲自同新调来的普通青年编辑谈工作，这也是党的优良传统和作风之一。而对像我这样初到北京、初到中央机关工作的人，尤其感受到一阵温馨的暖意，把窗外的严寒忘得一干二净。这件20年前的往事，至今还历历在目。此后十多年，我在邓拓同志领导下工作，以及他离开报社以后的继续交往中，这种感受越来越深。1966年5月下旬，满天开始电闪雷鸣的时刻，我从搞"四清"运动的农村回到报社，突然听到邓拓同志已在几天前含恨离世。我的心猛然一沉，好久好久，沉浸在震愕、悲愤与迷茫交织成的万顷波涛中。当时我哀

伤地又想起他这两句诗，"书生累"——你从此可以安静地休息了，可是在即将离开人间之际，你的心果真能安静吗？"战友贤"——在这样一场无从招架的大风暴前，你的战友们又能做些什么呢？

邓拓同志是一位热情洋溢的诗人。"无情未必真豪杰"，他对在风雨中并肩走过来的伙伴，总是一往情深；对去世的老战友更是倾注了真挚、深沉的阶级感情。这在他的诗篇中能找到许多动人的例证。

当年晋察冀日报社有位年轻有为的记者司马军城，也是一位有才华的青年诗人。1942年，他随《晋察冀日报》一批同志到冀东工作，在长城以南，滦河两岸游击区办报。邓拓同志同他感情很深，在司马军城去冀东前，曾写诗为他送行，中有"山中学道飘青鬓，火里搏金见至情。离乱旅途天野阔，轩昂战蠹日边明"之句。1944年，司马军城给邓拓同志来过一封信。青年诗人从滦水边向西遥望燕山深处，在信上意气风发地写道："你看，朝晖起处，即我在也。"信收不久，就传来了他在敌人包围中壮烈牺牲的噩耗。邓拓同志展阅司马军城寄来的信，夜不成眠，含着泪写了一首挽诗：

朝晖起处君何在，千里王孙去不回。
塞外征魂心上血，沙场诗骨雪中灰。
鹃啼汉水闻滦水，肠断燕台作吊台。
莫怨风尘多扰攘，死生继往即开来。

这首挽诗，既有忧伤，又有怀念；既有哀悼，又有誓言；如怨如诉，可歌可泣，通篇都倾注着革命者对战友的深厚情谊，至今读了还是感人至深。

我还记得：1958年2月中的一个寒夜，我在办公室接到邓拓同志的电话，他几乎是哽咽着低声说："黄敬同志去世了，我正在写一首诗，你请收发室来取吧。"收发室同志到他家时，他正好撂下笔。这首同样真挚感人的挽诗，第三天就在《人民日报》副刊上发表了：

千里飞魂入梦惊，寒窗猛忆故人情。

五台烽火连天壮，四野战歌匝地鸣。

往事廿年归史传，心香一瓣吊忠贞。

新潮今日方高涨，革命长征又一程。

这首挽诗，对老战友的哀悼痛惜之情，溢于言表。回顾当年，瞻望未来，又充满了对革命事业取得更大发展的信心。他怀念"风雨同舟"的战友，也正是为了并肩作战，迎接蓬蓬勃勃的"举国高潮"，跨上新的万里征途！曾经与邓拓同志风雨同舟的战友们，如今捧读这首诗，不能不沉痛地、深切地感到这后面几句，也正是我们此刻悼念作者本人的心情。

四

　　革命者的诗情是一团烈火，总是要为时代、为人民歌唱的。邓拓同志对毛主席教导的文艺要作为"团结人民、教育人民，打击敌人、消灭敌人"的有力武器，不仅拳拳服膺，而且身体力行。他写诗，比起他那些批判性或学术性论文，比起《燕山夜话》《三家村札记》和其他杂文小品，自然更带有"业余性"。但他一生写了那么多诗，却大都是为无产阶级政治服务，而绝少单纯消闲遣兴的笔墨。炮火纷飞的年代，他写人民的战争和胜利，写边区的生活，歌颂晋察冀军区成立，讴歌狼牙山五壮士，歌颂人民的英烈、牺牲的战友。从1937年到1949年这12年中，邓拓同志留下的诗稿，只有50多首，但却从侧面反映了晋察冀军民的十年战史。1943年2月，晋察冀边区参议会开会期间，聂荣臻、吕正操等同志倡议成立"燕赵诗社"，由邓拓同志撰写了"诗社缘起"，其中说："方今板荡山河，寇氛未消，黎明前夜，国难犹殷……诚宜昂扬士气，激励民心，以燕赵之诗歌，作三军之鼓角。"诗人闻一多有过警句："诗歌是鼓，今天的中国是战斗的年代，需要鼓，诗人就是鼓手。"在战争年代，邓拓同志是党报负责人，十年间"战史编成三千页"，而他的近60首诗，也都是"昂扬士气，激励民心"的战鼓。即使是爱情诗里，也一样能听到金戈铁马的鼓声和革命战士的心盟：

忆自滹沱河畔游，鹣鹣形影共春秋。

平生足慰齐眉意，苦志学为孺子牛。

久历艰危多刚介，自空尘俗倍温柔。

六年血火情深处，山海风波定白头。

——《无题》（1948年）

　　到中华人民共和国成立以后，邓拓同志的诗情更是像春潮汹涌了。他的大量诗篇，都是忠实地记录下党和人民进军的步伐，记录下时代的进程的。他"关心最是后争先"，不知疲倦地为革命的新生事物唱赞歌，热烈地鼓掌欢迎。现在我们读到他的诗稿，大量的还是中华人民共和国成立以后写的。作为诗人的邓拓同志，跟作为党报总编辑的他一样，以满腔热情宣传祖国的社会主义革命和社会主义建设事业。祖国的山川风物，各行各业的英雄模范，千年文物，一代新人，全都进入了他的诗句。报纸工作繁杂，他不大有空暇经常到外地去，但只要有机会，就一定会让我们读到新诗。他好似一位现代的行吟诗人，一路走，一路唱，写的是亲身所见所闻，唱的是人民喜怒哀乐。我们的祖国是在一穷二白的土地上建设社会主义的，我们所进行的是前无古人的伟大事业，我们的每一步都是尝试，都是探索。有些决策，有些措施，事后看来，可能未必成熟，甚至是走了弯路或造成错误，但在当时，确实是呼风云，挟雷电，撼人心魂的。千秋功过，自有人民和历史去评说。而诗人邓拓，在短暂的旅途上，却总是热情洋

溢地赞美壮丽的山河和群众的力量，讴歌崭新的画幅和出土的春苗。他是一个永不知疲倦的鼓手和歌手。他的诗里，还常常出现一些普通劳动者和基层干部的名字。他同这些同志素昧平生，初次见面，听到他们的先进事迹，就毫不犹豫地挥动诗笔，放开歌喉了。

特别使我至今念念不忘的，是他那许多由于报纸宣传需要的急就章。一个重大的政治事件，一个重要的节日，一项急促的宣传任务，报纸往往需要组织相应的版面，包括文艺副刊在内。这也是我们无产阶级报纸的传统。这类约稿，时间的要求很急，常常不许作者反复推敲。因此，有些作者视为畏途，有的也的确不愿意或不屑于撰写这类诗文。但是有不少作者，的确是满腔热情地、诚心诚意地支持报纸的宣传，乐于写这类"遵命文学"的。最使我们感佩和经常称颂的是郭沫若同志。邓拓同志也是这样的诗人。他离开报社去当北京市委书记以后，仍然同我们保持经常的联系，有什么要求，写封短简，或者晚上给他宿舍打个电话，一般都是有求必应，按期交稿。元旦或春节的副刊版面，要登一首词，而且最好用《庆春泽》《东风第一枝》《春风袅娜》这类不常用的词牌（纯粹因为词牌的名字），按说实在有点违反常情，用现在的话说，不符合文艺创作规律。但是邓拓同志理解我们副刊编辑的用意，从不"还价"，总是欣然命笔。他的这些诗词未必首首都是艺术珍品、不朽杰作。但作者饱满旺盛的政治热情和如火的诗心，是我们大家经常衷心赞许的，到今天也依然值得大大发扬。急就章必定是粗糙的？未必。邓拓同志的这些"急就章"，大都收在这本选集里，读者和评论家们可以来细细鉴评。我们看到，精雕细刻出来然而是苍白无力、缺乏生命力的作品，不也比比皆是吗？党的需要，人民的需要，就是对鼓手和歌手的召唤。

对"后争先"的关心，对"举国高潮"的欣喜，时刻回旋在革命家——诗人邓拓的心头。1965年，画家黄胄新作了一幅长卷《赛马》。草原儿女们龙腾虎跃的无畏气概和争先恐后的勃勃英姿，激动了邓拓同志。在战胜了一段时期以来的重重艰难困苦，经过了三年的调整、巩固、充实、提高，我们的社会主义祖国重又跨上千里骏马，向更宏伟的目标扬鞭奋进了。千千万万的中华儿女，响应党中央和毛主席的号召，心怀天下，志在四方，成群结队地走向祖国边疆，要在那里贡献自己的青春。画家正是在这样的时代背景前完成了自己的杰作。面对着群马奔腾的景象，邓拓同志想起自己前一年访问内蒙古大草原时的感受，从内心为青年一代跃马扬鞭的昂扬斗志感到喜悦，他浮想联翩，挥毫立就：

> 一代天骄属少年，青春幸福创新天。
>
> 沙场跃马飞鸿影，关塞鸣笳满路烟。
>
> 千里长驱无反顾，几回断后着先鞭。
>
> 英雄儿女边疆去，倒转乾坤试铁肩。

请看，诗人对社会主义前途、对祖国的明天满怀着热爱和信心。他依旧在充当一名不知疲倦的鼓手，为时代的奔腾步伐擂鼓助威。

五

对于邓拓同志的诗，我是既无资格，也无能力妄加评议的。我只是作为报纸副刊编辑和诗歌爱好者，有幸先读到他的许多诗稿，并且从中得到许多教益。记得二十年前一个晚上，我送副刊大样到他办公室，他忽然兴致勃勃地谈起旧体诗。他说，现代诗人写旧体诗，他最喜欢、最佩服三位：一是毛主席，二是柳亚子先生，三是田汉同志。他惋惜地说："可惜柳亚子先生已经去世了，没有得到更多向他请教的机会。田汉同志我不很熟，有机会你带我去拜访他。"其时恰巧田汉同志不在北京，未能如愿。过了些日子，我向田汉同志说起此事，他爽朗地大笑起来，说："我们已经碰见了！国庆那天，我们在观礼台上大谈了一阵诗，谈得很痛快。"然而他们两位毕竟都是忙人，行有余力才写点诗，也未必有更多空暇共同切磋诗艺。但我总觉得，柳、田、邓三位诗人似乎有共同的、至少是相近的气质。柳诗中的奔放沉雄，田诗中的清健绮丽，在邓诗中有时是兼而有之的。

我也曾天真地想过：邓拓同志在工作那么繁忙之余，还能写出那么多诗文，倘若不叫他当"官"，让他在写作上更多地发挥特长，我们一定能读到更多的好诗。那年他到扬州访郑板桥故居，写过两句："脱却乌纱真面目，泼干水墨是生平。"多少抒写了一点自己的胸臆。（林彪、"四人帮"的刀笔吏，居然从这两句诗中也能嗅出"反党"的味道，不知道他们具有的是哪种动物的器官！）当然，那种想法是不切实际的。邓拓同志首先是无产阶级革命战士，然后才是诗人。无产阶级革命战士的理想和胸怀，对党对人民的忠诚和革命责任感，赋予他的诗文以熠熠的思想光辉。别林斯基说过："诗人首先是人，然后是他的祖国的公民，他的时代的子孙。"作为诗人的邓拓同志，是无愧于一个"大写"的人——共产主义战士，无愧于社会主义祖国的公民，无愧于伟大时代杰出的子孙的。

就在本文开始时提到的那次欢送会的当晚，在报社食堂举行一次小型会餐，为邓拓同志钱别。尽管他并没有远行，而且北京市委的办公楼同报社的办公楼不过一箭之遥，但大家想到他同我们朝夕相处，总是有点依依不舍，黯然于怀。我走到他身边，为"笔走龙蛇二十年"向他敬酒。邓拓同志从座上站起来，握住酒杯笑着说："我不会喝酒，你写一首诗给我吧。"

我嘴里答应"好，我一定写"，心里也的确想写，而且决定步他的原韵，可是一直没有写出来。这一蹉跎就是20年。20年时光，如梦如烟，现在写出来，却成了一首挽诗，再也不可能送到邓拓同志桌上，请他阅正了。然而，伟大的诗魂是不灭的，不仅他的诗会长久地流传在千万读者的心头，而且他的革命精神和崇高品德也是不朽的。如今，他在九天碧落间回首人寰，看到他所热爱的祖国在历尽风霜后冬去春回，"举国高潮望接天"的情景，该是何等欣慰！那么，我这首迟交了20年的小诗，也一定会到达他的灵前：

血海冤沉不记年，星霜历历岂云烟。

峥嵘气节追高范，锦绣才华迪后贤。

劲骨遭残宁愿折，娥眉见嫉敢争先！？

诗魂今日应无憾，泪溢银河注九天。

1979年暮春　北京

何如泼墨写云烟

——读邓拓同志遗作《桂林杂诗》

余国琨

　　邓拓同志的《桂林杂诗》，写于1962年1月。这一年的春节前夕，邓拓同志以全国人大代表的身份，和胡锡奎、范瑾等同志从广东湛江乘火车到桂林参观访问。当车过黎塘驰向柳州时，窗外奇峰峭竖，异石嶙峋。面对祖国的锦绣江山，诗人心情激荡，"窗外云山动客心"这句诗，既赞美了壮丽的云山，又现出了作者那颗炽热的心。而"一路奇峰接桂林"，就把粤桂道中那青山翠崖、峰回路转的景致，用一个"接"字，准确而又形象地刻画了桂林一带奇峰绵亘千里的气势。

　　在桂林，邓拓同志曾和我们谈过他在粤桂道中的所见所闻，特别提到从柳州到桂林路上的两个地名，觉得颇有诗意，这就是诗中的幽

兰和黄冕。邓拓同志以他对生活细致入微的观察力，尽管两地匆匆而过，但还是留在记忆中并入了诗。

《桂林览胜》，反映了诗人在短短的三日漫游中，就能以高度的概括力，抓住了桂林山水最有代表性的特点。桂林这个城市，坐落在奇峰耸峙的岩溶平原之上，市中心有许多苍翠的孤峰，如叠彩山、伏波山、象鼻山等。甚至在城内城——明靖江王的王城内，也矗立着被称为"南天一柱"的独秀峰。城市周围，更被拔地而起的群山所层层环绕。对此，古人曾有"千峰环野立"（宋·刘克庄）和"郭外青山山外城"（清·胡午亭）的描写。而邓拓同志却以"叠翠层峰绕市廛"这七个字，勾画了桂林山城的特色。

屹立在桂林的石山，平地拔起，互不相连，真可谓"凝秀独出"，万态千姿。自古以来，诗人用"山如碧玉簪"（唐·韩愈）、"天外奇峰排玉笋"（清·喻元准）和"剑芒排插万山孤"（清·吴德徵）的诗句来赞誉它的奇美。加上岩溶地区丰富的大气降水和地下水经年累月地溶蚀和侵蚀石灰岩，使桂林的奇峰深藏着无数瑰丽的洞穴。在奇幻多姿的洞境中，流传着许多美丽的神话和传说。"山向苍天挥剑戟，人从洞府晤神仙"的联句，写的就是桂林山城奇峰异洞的另一特色。当诗人用"夕阳如火林峦醉，曲水长流花月妍"的诗句，讴歌人民改天换地的伟力时，那"诗思万千消不得，何如泼墨写云烟"所焕发出来的革命激情，随着铿锵的余韵，把诗人奔放的感情沁入了读者的心田。

《阳朔纪游》再现了桂林到阳朔的漓江风光。百里漓江，俨然一轴长长的画卷：那清澈萦回的流水辉映着苍翠奇特的群山，推出了一个个壮丽神奇的画面。诗人用拟人化的浪漫主义手法，把漓江两岸的奇山秀水，刻画得淋漓尽致。"桂林山水不相离，山自多情水自痴"，讲的是游览桂林山水的感受：光有俊俏的山峰而没有罗带似的碧流相映衬，就不可能获得使人倾倒的"艺术效果"。诗中的"雪岭双狮"和"书童"，都是阳朔的山名，而"九龙竞渡"却是描写漓江上的一个险滩遗迹。从雪狮岭临江的山道上俯瞰漓江，可以看见五条礁石，横陈江心，好像龙脊，水越石阻，激起五道浪花，俗名"五龙过江"（诗中误写九龙），素为航运险道。中华人民共和国成立后疏浚航道时已炸掉，从此化险为夷，航行无阻，然枯水季节遗迹仍依稀可辨。"俯瞰九龙与竞渡，波平风静欲何之"，结尾这两行诗句，饱含着诗人对江山新貌的赞美与讴歌。

芦笛岩是中华人民共和国成立后新开发的绮丽无比的岩洞。邓拓同志先后写下了《芦笛岩探古》这一诗篇和《一个新发现的神话世界》一文，对芦笛岩倍加称颂。诗中提到的"元和墨迹"和"嘉定题诗"，系指洞内发现的唐宋墨迹。这些珍贵的墨迹，多为古人的题名纪游。它们引起了诗人极大的兴趣。在当时已发现的墨迹中，最早的一则写于唐元和十五年，而题诗较完整可辨的是宋嘉定年间的一首（后来又发现了唐贞元八年的题名一则，较元和十五年更早）。芦笛岩内石乳密布，琳琅满目，多彩多姿，确是举世无双。如果真有天上宫阙：人间仙苑的话，芦笛岩可能就是最理想的境界。"天开洞府工奇巧，炼石何须问女娲"，诗人把自然力的伟大创造加以形象化，很

自然地把读者带进了这个神话世界。

自古以来，描写桂林山水的诗很多，就目前所见，有一千多首。而邓拓同志所写的桂林山水诗，似绚丽的奇葩，为桂林山水增添了光彩。以《桂林杂诗》五首而言，具有想象丰富、感情真挚、格调明快、意境清新的艺术风格。虽是旧体，但使人读后毫无旧体诗束缚之感。他以夸张、对比、拟人化和适当用典等手法，使奇秀的桂林山水跃然纸上。同时即使借用古人意，亦能给人以焕然一新的感觉。如《桂林览胜》中"夕阳如火林峦醉"，虽然写的是夕阳，但诗人用"火"来比喻夕阳，毫无黄昏的暮气，给古人常用来描写山林的"醉"字以新的意境。下句"曲水长流花月妍"，表达了诗人对生活的无限赞美。在《阳朔纪游》中，诗人借自古以来吟诵桂林山水的名句"江作青罗带，山如碧玉簪"，加以拟人化的描写："青罗带束蛮腰瘦，碧玉簪斜黛髻垂"，写得形象飞动，笔下含情。而七绝《过碧莲峰》的构思，也是给"碧莲峰里住人家"（唐·沈彬）的名句以新意，创造出气势磅礴、无限美好的具有浪漫主义色彩的艺术境界。邓拓同志的诗作达到如此高度的艺术成就，是与他毕生勤奋读书，对生活观察入微，加以长期的生活实践和创作实践是分不开的。

邓拓同志离开桂林的前一日，我们桂林日报社的编委访问了他，请他谈谈办报问题。邓拓同志高兴地说，他已离开新闻界多年了，就热情地和我们谈了起来，提出了许多有益的、有创见的建议。

今天，在党中央的领导下，神州大地如画的江山，将更加灿烂夺目。我们仿佛看见邓拓同志又来到桂林，在那里泼墨写云烟，为我们万紫千红的艺苑增添异彩哩！

附：邓拓同志《桂林杂诗》

粤桂道中

窗外云山动客心，卧游千里有知音。

幽兰黄冕匆匆过，一路奇峰接桂林。

桂林览胜

浪游到此意流连，叠翠层峰绕市廛。

山向苍天挥剑戟，人从洞府晤神仙。

夕阳如火林峦醉，曲水长流花月妍。

诗思万千消不得，何如泼墨写云烟。

阳朔纪游

漓江山水不相离，山自多情水自痴。

雪岭双狮留倒影，书童独坐且吟诗。

青罗带束蛮腰瘦，碧玉簪斜黛髻垂。

俯瞰兀龙与竞渡，波平风静欲何之。

邓 拓
死生继往即开来

过碧莲峰

碧玉簪头一朵花，莲峰深处美人家。

何时飞上蓬莱岛，海阔天空乐浣纱。

芦笛岩探古

举世无双芦笛岩，彩云宫阙久沉埋。

元和墨迹今犹在，嘉定题诗句亦佳。

梦入太虚皆幻境，神游仙苑拥裙钗。

天开洞府工奇巧，炼石何须问女娲。

文章满纸书生累

——回忆邓拓同志

黄贤俊

　　邓拓同志是我的福州同乡，又是中学同学，而且同是曾经从事新闻工作的人。我们都曾在福州第一高级中学读书，他在史地系，我在英语系，当时我们并不认识，不过听过他的名字。他的父亲邓鸥予老先生是我爱人的国文教师，他的姐姐邓淑彬是我爱人的同班同学。说起来，我们两家的交谊是十分深厚的。

　　我和邓拓同志的认识比较晚，是在1952年。我有个同乡李拓之同志与邓拓同志是世好，时相过从；他到我家来，谈及邓拓同志，并告诉我，他的父亲已经被接到北京来了。春节前夕，李拓之同志来通知我，邓鸥予老先生听说他的学生也在北京，十分高兴，请我们夫妇于正月初二日上他家吃便饭。就在那时候，我们见到邓拓同志和他的姐

169

姐，多年不见，意外相逢，有说不尽的愉快。那时邓拓同志担任《人民日报》总编辑，工作很忙，特别抽出时间和我们畅谈。当时我在文化部对外文化联络局工作，正为《光明日报》编辑《文化交流》双周刊。邓拓同志对这双周刊多加称许，认为我国刚刚解放，百废待兴，特别是文化战线方面，应该多与其他社会主义国家交流经验，吸取人家的长处，作为我国文化建设的借鉴。《文化交流》便是担负这个任务，必须去芜取精，多介绍各国好的方面。那天，我们谈得十分融洽，我感觉到邓拓同志谈吐之间，原则性很强，但又显得非常热情，平易近人，使人只觉得他和蔼可亲。后来因为有许多客人来贺春节，我们就向他告辞，回到他父母那边去了。

自是之后，我再没有机会见到邓拓同志，好几年过去了。后来，我从对外文化联络局调到《光明日报》编辑部工作，有一次我去参加德意志民主共和国驻华大使馆的鸡尾酒会，又遇见邓拓同志，我们便端着酒杯站着交谈了一会儿。这时他才知道我已调工作，他便问我担任哪一版面，最近还写作和翻译什么文章，仍然流露了对旧友的关切和友情。

自1959年起，我和邓拓同志开始有了联系。那时我编辑《光明日报·东风》副刊，每期占报纸整整一版，需要稿件较多，我便向邓拓同志组稿。记得我第一次到他家的时候，是在星期天，邓拓同志在家里休息，有充裕的时间，我们谈得很久。尽管他工作怎么繁忙，但他仍深于乡土和故旧之情；他问起我们中学同学有多少人在北京，有多少人从事文字工作。他也谈起我国历代有所成就的福建籍文人，他想编一本福建文学家的逸事，叫我列举一些人的姓名。我当即提出清人林云铭（西仲）的《楚辞灯》，他很想看这本书，但苦于购不到，几次打电话给中国书店，始终没有找到。我说，我藏有两部此书本版本，待我回去，当给他送一部去。他也知道我的岳父林石庐先生对于金石学夙有研究，所著《石庐金石志》，他曾经披览过，因而问及石庐先生收藏的金石书籍和拓本有否散失，我当告他，这些书籍已由石庐先生全部献赠国家保存，他听后连连点头称许。

在这次谈话中间，邓拓同志问我，除翻译德国文学作品之外，还从事什么研究。我告他，数十年来，我一直在搜集《楚辞》各种注解版本。我曾经抱有宏愿，准备将来用马列主义观点写成一部《楚辞学史》，有系统地阐述历代注家的观点及其得失。邓拓同志对我这个计划表示赞同，鼓励我早日把它写出来。他问："你开始写了没有？准备什么时候写？"我答道："目前报社工作忙，无法从事这个大部头的写作，我想等将来退休以后写，现在不过是搜集资料罢了。"他接着说，"现在没有工夫，不妨先把零篇写出来，在报刊上发表，也可以听听国内学者的意见。"我觉得，邓拓同志这个意见很好，但因多年来东奔西走，又做翻译，又教德文，始终定不下心来，这个愿望至今没有实现，大大辜负我亡友对我的一片期望。

邓拓同志博览群书，知识非常渊博，大家从《燕山夜话》中就可以知道，他实在称得上博大的"杂家"。我知道，他收藏许多古画，能从绢纸、题跋、书法和印章上，辨别它的真伪。有一次我去看他，他书斋的壁上正挂着好几幅古画，他坐在沙发上鉴赏，一见我走进

来，就招呼我过去一同看画。当时有一幅清人的画，线条优美，色彩清丽，上面绘着两个古装美女坐在厅上，装束豪华，阶下有一个书生，正在慢步走上来，带作揖的姿态。邓拓同志问我这幅画绘的是什么题材，我沉思了好久，便答道："可能是根据唐人张鷟（文成）的《游仙窟》中的故事绘的，坐在左边的少妇是五嫂，坐在右边的少女是十娘，至于书生乃是作者自己。这部小说佚失很久，后来才在日本发现的。"邓拓同志认为这也有可能，但苦于没有佐证，尚待考订。还有一幅也是清人的画，姓名我忘记了，画的是《湘夫人图》，构图也很美。邓拓同志知道我是研究《楚辞》的，也在搜集古画作为将来书中的插图，因而说道："这幅画先让我欣赏吧，将来我可以赠给你！"

邓拓同志本是从事新闻工作的，对于编报有他独特的见解。他在谈话中，主张要把报纸办得有自己的特色；特别是办副刊，既要有政治性，又要有知识性、趣味性，打破框框，办得生动活泼，才能引人入胜。他很注重历史掌故，使青年懂得祖国历史，但他不同意死板板地介绍历史，成为干燥的东西，要求作者把历史掌故写活，结合实际，寓教育于历史小品之中，既能给人增长知识，又富有教育意义。邓拓同志本人就是这样做的。有一次他提出了对《东风》的意见，认为文章太长，趣味性不够，没有味道。有时副刊上发表的旧诗词不合声律，不粘不对，"孤子"更不用说了。他说："律诗总要像律诗的样子，要讲究对仗，又要合律。你们发表的律诗，既没有对仗，也没有平仄，甚至连韵都不协，这成了什么律诗？还有填词，既用某一个词牌，就要按词谱填，如果乱填一气，那何必用词牌呢？"邓拓同志说得很有道理，我答应把这宝贵的意见带回报社去。

在我编辑《东风》的期间，邓拓同志给我们不少帮助，为《东风》写了很多诗文，其中包括介绍杨柳青年画和清代十大画家的文章，深受读者的欢迎。

1961年秋，为了支援西南三线建设，我随同外文干部四十多人，被调到四川去了。我到成都后，被分配在重庆西南政法学院担任德文教师。临行时，我曾到邓拓同志那里辞行，他认为我此去有可能去教书，便勉励我做好外文教学工作，培养接班人。以后每年暑假返京探亲，我几乎都去看望邓拓同志，他无不于百忙中抽出时间，与我细谈。邓拓同志也深谙英文，有一次问起外国出版的英德、德英字典哪一种最好，我把德国出版的Wildhagen两卷本开给他。接着他叫我谈一谈德、英、俄三国文字语法的比较，他津津有味地听着，由此可见，他的兴趣是相当广泛的。

1964年寒假，我回到北京来，看到王府井"荣宝斋"橱窗里，陈列有邓拓同志的巨幅手书，写得苍劲有力，我十分喜欢。见到邓拓同志时，我对他说："可否也给我写一幅？"他回答说："这是容易的事。"过了几天，他托《光明日报》编辑黎丁同志转来一幅字，词云：

毛锥动，彩云生，蜀水巴山若有情。

展望高潮奔日夜，文章常助百家鸣。

　　这是《捣练子》词，据丁一岚同志的《忆邓拓》一文，这阕是他的自我写照，大概给我题字时，把"蜀水燕山"改为"蜀水巴山"，转以赠我。我回到重庆后，便把这幅字挂在房间墙壁上，谁知这幅字成了邓拓同志叫我开"黑店"的罪证，不但被他们抄去，而且还受到无数次的辱骂和批判。

　　《燕山夜话》五卷合订本出版后，邓拓同志亲自题字送我一部，我一直把它视若珍宝。这部书也在"文化大革命"中被抄去，至今下落不明。当时我收到此书后，曾胡诌了一律赠给邓拓同志：

> 曲弹流水感知音，恋在芸窗旧雨心。
>
> 《夜话》拈来闻见博，鸿篇写处琢研深。
>
> 胸中坦荡藏丘壑，眼底分明阅古今。
>
> 伏枕山城惊岁暮，何时附骥许追寻？

　　1965年10月，我的全家迁到重庆去，我曾到邓拓同志家里告别，他送我到门口，再三嘱咐珍重；今日回想起来，历历如在眼前。谁知这次竟成永诀，我从此再不能见到他了。

　　邓拓同志含恨而死，至今将近13年了。在党和人民失去了一位好同志，在我失去了一位良师益友。我还有许多东西正要请教他呢，但都……邓拓同志是个有才华的人，精通文史，又擅诗词，他有许多研究和写作的计划，都没有来得及写出来。如果他活到今天，眼看四个现代化的建设"高潮奔日夜"，他该是多么高兴，将会挥起凌云的健笔写出许多优美的诗文来。我想到这里，深益怀念，不禁悲从中来。

邓拓同志早岁参加革命，出生入死，身患重病，还坚持工作，直到最后一息。他一生忠于党，忠于革命，热爱毛主席，三十年来始终拿着笔，战斗在党的新闻战线上，传播毛泽东思想，做出了重大的贡献。

邓拓同志1958年写了《留别〈人民日报〉诸同志》一诗，其中有句云："文章满纸书生累，风雨同舟战友贤。"前句竟成了他的谶语，他自己怎能料到呢，我们后死者读到这里，怎能不怆然兴悲呢？前几天，我写了一阕《踏莎行·悼念邓拓同志》，现在录在这里，作为本文的结尾：

逸藻波腾，博才河泻。洛阳纸贵燕山话。以言治罪忽成风，壮年饮恨重泉下。

既是乡亲，又同黉舍。都门邂逅何潇洒。深情挥笔赠新词，至今背诵泪盈把。

1979年4月　成都

邓拓诗文咏桂林

余国琨

1962年1月，邓拓、胡锡奎、范瑾等全国人大代表南下视察，从广东湛江乘火车到桂林，当进入广西境内的岩溶地带时，窗外奇峰异景，激起了邓拓的诗情。他在七绝《粤桂道中》写道：

> 窗外云山动客心，卧游千里有知音。
> 幽兰黄冕匆匆过，一路奇峰接桂林。

后来，邓拓和我们谈到他在粤桂道中的见闻时，曾提及从柳州到桂林路上两个颇有诗意的地名——幽兰和黄冕，由于他具有对生活细致入微的观察力，尽管两地匆匆而过，但还是留在记忆中并入了诗。

邓拓在桂林只停留了三天，先后写了六首诗和两篇散文，他的诗，想象丰富、感情真挚、格调明快、意境清新，通过夸张、对比、拟人化和适当用典等手法，使奇秀的桂林山水跃然纸上，即使借用古人意，亦能给人以积极的联想。《桂林览胜》以高度的概括力，勾画了桂林山城的特色，抒发了诗人的豪情：

浪游到此意流连，叠翠层峰绕市廛。

山向苍天挥剑戟，人从洞府晤神仙。

夕阳如火林峦醉，曲水长流花月妍。

诗思万千消不得，何如泼墨写云烟。

对于漓江，邓拓在他的散文《令人怀恋的漓江》（《人民画报》1963年第6期）中，引用了韩愈著名的律诗，指出其中"江作青罗带，山如碧玉簪"这受到人们普遍传诵的名句，说明"桂林山水的秀丽，所以闻名于天下，是与漓江分不开的"，而"整个漓江流域风景最美丽的地方是在桂林到阳朔的一段"，"无论是多远的山峰，只要游人的眼睛看得见的，它就一定会在水中留下了倒影。如果坐在船上，静静地泛游江心，俯看水底的卵石和游鱼荇藻，一一可辨，这时候你会觉得连远山的倒影也和真的山峰一样，水底如同天空，水天融而为一了。诗人对美丽的漓江的无限怀恋，更充分表露在他的三首诗中：

一见漓江不忍离，别来朝夕似相思。

青罗带绕千山梦，碧玉簪系万缕丝。

愿约三生酬壮志，勤将四季作农时。

迢迢南北情何限？心逐春风到水湄。

（《题〈漓江春〉画页》）

漓江山水不相离，山自多情水自痴。

雪岭双狮留倒影，书童独坐且吟诗。

青罗带束蛮腰瘦，碧玉簪斜黛髻垂。

俯瞰九龙与竞渡，波平风静欲何之。

（《阳朔纪游》）

碧玉簪头一朵花，莲峰深处美人家。

何时飞上蓬莱岛，海阔天空乐浣纱。

（《过碧莲峰》）

　　《题〈漓江春〉画页》一诗的手迹，三十年后已刻在叠彩山明月峰北巅面对漓江的崖壁上，它圆了诗中的"三生约"，让诗人的健笔长存于桂山漓水之间。

　　邓拓还是最早著文向全国乃至全世界介绍桂林新发现的芦笛岩的作家。1962年3月11日《人民日报》发表了他脍炙人口的散文《一千新发现的神话世界——桂林芦笛岩参观记》，文章以他的七律《芦笛岩探古》开篇：

举世无双芦笛岩，彩云宫阙久沉埋。

元和墨迹今犹在，嘉定题诗句亦佳。

梦入太虚皆幻境，神游仙苑拥裙钗。

天开洞府工奇巧，炼石何须问女娲。

　　他接着写道："这一首小诗，是一个月以前参观桂林芦笛岩的时候即景之作。这个岩洞的美妙景色，令人恍如置身于神话世界。可惜当时行色匆匆，诗不尽意，心中颇觉遗憾。现在补写这篇短文，如能使读者对于这个新发现的雄奇壮丽的岩洞，引起兴趣，那就是我的最大希望了。"当日，邓拓用了近三个小时参观芦笛岩，他对洞内的自然景观、古代壁书、地质成因等都进行了详细的考察，正如他在文章结尾所写的那样："我们由进洞的时候起，到出洞的时候止，匆匆两三个小时内，边走、边看、边谈，简直觉得眼前的一切，尽是光怪陆离，目不暇接；脑子里联想到千年古史和天上地下的传说与科学珍闻，随时发出各种议论。直到出洞下山以后，大家还是赞不绝口。我自己好像真的做了场美梦，永远不能忘记这神话世界的迷人景色。"

　　邓拓访桂期间，我们一帮子办报的人得悉后，都很希望能见见他。经过联系，邓拓同志欣然应允接见《桂林日报》编委成员并谈谈办报问题。1962年1月29日上午，我们一行加上《广西日报》桂林记者站的蓝长贤便来到榕湖饭店三号楼邓拓下榻处，进门时他刚好送桂林市文管会周安民出来，周是携带字画等文物前来向邓拓求教并请他

鉴定的。邓拓满面笑容，十分热情地把我们迎进会客室。

大家坐定以后，邓拓高兴地说，我是一个"老报人"，已离开新闻界多年了，但对办报、对新闻界的同行是有感情的，不过我只能谈谈过去办报的一些感受，如何联系当前的实际来认识问题，你们应该更有发言权，比如说，对新闻报道所产生的社会效果如何估价，我就主张客观一些、灵活一些，不能说得过死。就拿"刮共产风"来说，不能把它归罪于哪一张报纸，要人家承担煽风的责任。现在评价一张报纸，说它的党性加强了，是比较过去而言的，不能就此而说过去党性不够，不能这样下结论，因为党报的同志向来是兢兢业业工作，努力去增强报纸的党性，力求按党的意图办事的。

谈到怎样正确看待在报纸上开展批评的问题时，他说，有人强调通过正面表扬达到批评的目的，行吗？过去在报纸上开展批评，有过火的地方，这毛病可以改嘛！但批评这个武器绝不能放弃，它是我们党报的革命传统之一，问题是采用什么方式和方法，把它运用好。正确的东西要敢于坚持，少奇同志说过，谁说老虎屁股摸不得？摸不得偏要摸！

邓拓说，办报要提倡真正的敢讲、敢想、敢写，不要人云亦云，在某种空气笼罩下不敢解放出来。当然，不是要你背离党的方针政策，在报纸上乱发议论，发表一些和中央政策相违背的东西，但在党内要提倡民主讨论，广泛交换意见，也就是说既要有原则性，又要有活跃的空气。

在谈到报纸如何面向群众时，他说，要办好任何一张报纸，首先必须使它和群众的思想息息相通，人民群众有各种各样的追求，包括生活志趣、身体健康、文化爱好等，不单单是政治生活问题，因为每个人不可能24小时都在考虑大的政治原则问题的。同样，报纸也不仅仅是政治斗争的工具，同时又是传播文化、新知识、新技术、新科学的工具。报纸怎样才能适应群众的需要，做到既不背离政治方向，又办得生动活泼，这需要在实践中去不断探索。有时报纸要根据党委的要求拿出一定的版面宣传中心工作，作为报人，必须安排好，不能埋怨版面呆板而表示不满。

怎样才能把文章写得活、写得短？邓拓说，记者在采访和制订选题计划时，不要把题目定得太窄太死，最好是确定一个大轮廓，一个范围较大的题目。那些没有生气、没有生命、东抄西抄、按题完成的东西最没味道，所以我不赞成出死题目。文章怎样才写得短呢？我主张把其中人云亦云、标语口号式的东西删去。有些人写文章，非把马克思的话陈述了一大堆，然后才露出自己那一点点观点，应该把重复的、在报上已讲过不知多少遍的东西，大力删节掉，把枝叶砍掉，文章就短了、精练了、新鲜了。你们的报纸虽然是四开的，篇幅小，但如果照这样去做，也能容纳不少新鲜的东西，显得生气勃勃，没有陈词滥调。

在谈到如何建立作者队伍时，他说，报纸要广泛团结作者，一张报纸如能团结一大批作者，让每个人写出自己最拿手的东西来，内容就会十分丰富多彩，得到读者的喜爱。所以报纸要广泛交朋友，凡是有一技之长、有一方知识的人，都要去团结他们，请他们把自己的

"宝贝"拿出来。但是要注意，不能给作者出死题目，按报纸栏目的需要去找作者是可以的，找到了要让他写最有心得的东西。比如老舍，你若给他出了题目，就是再鼓起精神来，写出的文章也很勉强，如果不出题，感情可以很丰富。

邓拓最后说，从桂林的自然条件和历史条件看，你们办报具备许多有利的因素，可以突出文化艺术方面的内容，多登载神话、民间故事和美丽的传说，一定能够吸引广大读者。创刊一方面介绍历史上桂林画家的山水画，同时又介绍画家本人。如桂林市文管会请我鉴赏的《雁山园林图》这幅画，我看就很不错，可以搜集这位画家的资料，连同他的作品一块儿介绍给读者。《桂林日报》如能充分利用你们这块土地上的有利条件，报纸可以办得很生动。

会见结束后，邓拓把我们送到门口并一一握手告别。

（选自《桂林文史资料》第34辑《当代名人在桂林》，

魏华龄　王玉梅主编，漓江出版社，1996年12月第1版）

邓拓同志和他的《燕山夜话》

顾　行　刘孟洪

第一次接触

邓拓同志生前总喜欢开玩笑地对我们说："我给《北京晚报》写《燕山夜话》，是被你们逼着上马的。你们真有一股磨劲儿。"按我们自己的行话来说，对有的作者，就是要抓住不放。邓拓同志就是被我们抓住不放的一个。当他还在《人民日报》工作的时候，在我们组稿作者的名单上，邓拓同志的名字就列在前面。很多作者都被编辑部的同志一个个"攻"下来了，唯独邓拓同志，因为他太忙，却始终没有得到合适的机会。

1958年10月，毛主席的《送瘟神》等诗词在报刊上发表了。当时，我们打算组织一篇解释性的文章。可是，对毛主席诗词中的某些

句子，理解有不一致的地方，如对《送瘟神》中的"红雨随心翻作浪"一句，有的人认为这是指大炼钢铁的钢花而言。我们向中华书局的同志请教，他们建议我们请教邓拓同志。邓拓同志听到我们提出的问题，爽朗地笑起来，说："红雨一般泛指桃花，李贺不是讲'桃花乱落如红雨'吗？"随即，他又详细谈了对这一句诗和对全诗的理解。他再三强调，他的看法不一定对，最好能再多请教一些人。这是我们和邓拓同志的第一次接触，而且是在电话里。但他的热情、平易、坦率，却给我们留下了很深的印象。这更鼓舞了我们向他组稿的信心。

从"诗画配"入手

要组织作者写稿，就必须了解作者，所谓"知己知彼"。我们知道邓拓同志很喜欢画，也喜欢写诗。他在《人民日报》上就常以"左海"的笔名发表一些"诗画配"。我们决定先从这一方面入手。1960年底，北京劳动人民文化宫办了一个业余美展，我们听说邓拓同志要去看这个画展，于是也赶去，陪他一起看。邓拓同志兴致很高，边看边聊，并且建议挑选几幅作品在报纸上刊登一下。我们顺势提出，希望他能给《北京晚报》写一点"诗画配"。邓拓同志说："'诗画配'，要先有画，后才有诗。如果你们能先找到画，给我看看能不能配一点诗。"这样，我们终于和邓拓同志开始建立了联系。

邓拓同志在《北京晚报》发表的第一篇作品，是给吴作人同志画的熊猫的配诗，题目叫"熊猫图咏"。这是一幅现成的作品，是早就挂在邓拓同志家里墙上的。以后，我们约请吴作人同志和其他画家画了一些画，送给邓拓同志配诗。有的画，是编辑部给画家出的题目。我们曾要求吴作人同志画了几幅他不太熟悉的题材，送给邓拓同志配诗的时候，邓拓同志问我们，这些画是吴作人同志自己的选题，还是编辑部给他出的题目。我们说是编辑部出的题目，邓拓同志认为这是"强人所难"。他说："画家各有所长，各有风格，我们不能勉强让他们画自己不熟悉的东西，画是创作，离开了'创'字就变成了'硬'作，硬要让人家干自己不喜欢的事情，人家嘴上不说，心里不舒服。这样的组稿方法是不是应该改进呢？由你们考虑。"听了邓拓同志的意见，我们从此改变了生硬出题目的组稿方法，再到画家那里去，就看看他们有什么新作，或者旧作中有哪些是没有发表过的，征得他们的同意，然后送给邓拓同志配诗。例如，吴作人同志画的骆驼、金鱼、天鹅、犁牛、花卉等等，都是编辑部从他的现成作品里挑选出来的。邓拓同志的配诗，也都是先有画，后有诗，作者之间从未有过商讨。

《燕山夜话》的诞生

约请邓拓同志给《北京晚报》写"诗画配"，并不是我们的最终目的。我们主要是希望邓拓同志能给晚报开一个栏目，写一些知识性

的杂文。因为那时正值三年困难时期，读者迫切需要阅读能够开拓眼界，丰富知识，振奋精神的文章。邓拓同志长期从事党的新闻工作，对我国实际情况有较深入的了解；他读的书很多，知识很广博，他在哲学、历史、新闻、诗词、书法、绘画等方面，都有很深的造诣。拿历史来说，他不但对中外历史，有着全面深入的研究，而且是中国有数的明史专家之一。再拿绘画来说，他不但是鉴赏家、收藏家，而且自己也能作画。像他这样博学多才的"杂家"，是不可多得的。可是，邓拓同志平日写的多是社论、论文、特写一类的文章，《北京晚报》篇幅小，短小的读书札记一类的东西，他是否愿意写呢？我们认准了一条道，那就是"磨"。

我们和邓拓同志越来越熟，磨他写文章的劲也越来越足，整整磨了三个多月，邓拓同志一直不曾答应，每当我们提出这种要求，他总是以笑作答。

1961年3月初的一天，我们陪同邓拓同志去看望吴作人同志，这是他们合作"诗画配"以来的第一次见面。邓拓同志在吴作人同志家里，饶有兴味地看了吴作人同志的藏画。吴作人同志收藏的一幅《醉八仙图》，引起邓拓同志极大的兴趣。他们先从藏画谈起，谈到吴作人同志擅长的油画和泼墨画，谈到中国过去和现有的一些画派，然后，邓拓同志和吴作人同志夫妇一起，步出水磨胡同东口，看了建国门城楼上的古天文台。在同车回来的路上，我们又再一次向邓拓同志转达了《北京晚报》编辑部的要求，希望他能给《北京晚报》开一个栏目，定期写一些知识性的杂文。邓拓同志笑着说："你们的胃口真不小，也真能磨，看来不写是不行了，我考虑考虑再答复你们。"

　　一个星期以后，我们给邓拓同志打电话，他回答说："我已经考虑好了，你们晚上到我家来吧！"

　　当我们那天晚上来到他家的时候，邓拓同志正坐在书桌前。他一看到我们，就先开了一句玩笑："逼债的来了。"他从桌上拿起已经写好的两张纸片递给我们。一张写的是《燕山夜话》，另一张写的是马南邨。他说，"栏目就叫《燕山夜话》。燕山，是北京的一条主要山脉；夜话，是夜晚谈心的意思。马南邨是笔名。马兰村原是我们办《晋察冀日报》所在的一个小村子，我对它一直很怀念。"他建议，这个栏目最好排在版面的右上角，要直排，如果读者愿意保存，也便于剪报。他说，"可以写的内容很多，题目随便想了一想，就够写一两年的。"他要求我们回去再商量一下，看看一个星期写几篇，把栏目先设计制版，再送给他看一看。

　　报社编辑部的同志听说邓拓同志要给《北京晚报》开栏目，大家都很高兴。范瑾、周游同志提出，邓拓同志比较忙，一星期写两篇比较合适。至于写什么内容，由邓拓同志自己考虑，文责自负。当一切都商定好了以后，我们再次去邓拓同志那里，共同确定：《燕山夜话》每星期二、四见报各一次。对于栏目的设计，邓拓同志表示满意。这样，从1961年3月9日开始，《燕山夜话》正式在《北京晚报》的《五色土》副刊正式和读者见面了。邓拓同志给《北京晚报》写《燕山夜话》，正像他在出版最后一集《燕山夜话》的《奉告读者》中说的："前一个时期写《燕山夜话》是被人拉上马的。"情况确实如此。

邓 拓

死生继往即开来

写一篇文章往往不到一个小时

《燕山夜话》的第一篇是《生命的三分之一》，最后一篇是《三十六计》。前后共发表152篇。邓拓同志在这些文章中，谈政策、谈时事、谈学习、谈工作、谈思想、谈作风、谈哲学、谈科学、谈历史、谈地理、谈文学、谈艺术……可以说是包罗万象，琳琅满目，很像一部"小百科全书"。写法深入浅出，生动活泼，联系实际，有的放矢，谈古论今，旁征博引。邓拓同志写《燕山夜话》引用的资料很多。四书五经、《二十四史》《资治通鉴》；汉、唐、宋、元、明、清人笔记、小说；诸子百家、正史、野史；中外寓言，无所不引。他引用的这些材料，并非生搬硬套，而注重于古为今用，有着自己独到的见解，读来使人感到自然、贴切。

邓拓同志引用的材料都是原文，而且都有明确的出处。原来我们认为，他手头一定有大量的藏书，或许像有的史家那样，备有几大箱子的抄录卡片。出乎我们的意料，他在引用这些浩瀚的史料时，大都凭自己的记忆写下来，没有把握的，才翻一翻书加以对证。有很多篇是我们眼看着他一挥而就的。

邓拓同志写《燕山夜话》，大多是用晚上的时间，也有时用饭后的一点时间。他当时在中共北京市委担任书记处书记，工作很忙，会议很多，晚上除了接待来访，批阅文件，还要读书或写其他的文章，因此写一篇《燕山夜话》往往不到一个小时。他说，他有时利用上下班时间在路上构思，成熟了，回家再写。我们问他，怎么能记那么多的史料，他回答说："认真读书。"邓拓同志曾经向我们讲过，他读的古书，主要是在青少年时期，特别是十几岁的时候，靠老一辈人逼着钻进去的。战争年代，虽然也读一些，但受条件的限制，面比较窄。中华人民共和国成立以后，条件好多了，需要读的东西很多，时间又不够分配，这只有靠自己挤。邓拓同志患有偏头痛和腰疼痛，他仍然经常通宵达旦地抓紧时间工作、学习、研究问题，而且是研究一行，钻进去一行。别人劝他要注意身体，他说："工作和学习就是治病的一种方法，什么事情只要你钻进去了，什么头痛呀、腰痛呀，统统都忘了。这也符合巴甫洛夫学说嘛！"他曾经在《燕山夜话》第三集《作者的话》中回答读者的提问，说他自己平日工作、学习及其他生活上的具体安排，"就跟大家一样，简直'乏善足述'。如果再要勉强说上一点，那就是抓紧时间，尽量不要浪费时间，能多做一些事情，总比少做一些事情好啊！"

题目来自群众　来自实地考察

邓拓同志写《燕山夜话》，很注意倾听各方面的意见，发动大家给他出题目，他在《口吃、一只眼及其他》一文的开头说："近来我在《燕山夜话》中多次谈论的都是大家要求回答的问题。"他在出版

第一集《燕山夜话》的《两点说明》中说道："大家今后想要《燕山夜话》多介绍哪些知识，多谈论什么问题，无妨开一个单子寄来，我将尽量按照大家的需要去努力。"如果说，《燕山夜话》在开始的时候，邓拓同志自己拟的题目居多，在后来，读者来信日益增多，提的要求也随着增多，邓拓同志就把回答读者的提问，当作《燕山夜话》应尽的义务。

　　邓拓同志曾经写过几篇鼓励青年志在边疆、农村，干一行爱一行，抓紧自学的文章，如《说志气》《行行出圣人》《自学与家传》等，就都是对回乡知识青年、毕业待分配的学生、因病失学的青年来信提问的回答。这些问题，在当时的广大青年中，是带有普遍性的。北京举行二十六届世界乒乓球比赛，我们要求他配合比赛写些文章。他就写了《交友待客之道》《初生之犊不怕虎》《评〈三十三镇神头图〉》三篇文章，分别谈了虚心学习别人的长处，发扬敢打敢拼的精神，既防止大国沙文主义，又要不卑不亢的几个问题。这些观点，不但对运动员、教练员、比赛组织者有所启发，而且对广大观众也有所提醒。《昭君无怨》一文，是谢觉哉同志从内蒙古考察归来，深感王昭君是自请而后去和亲的，并不是凄凄惨惨、悲恸欲绝地被迫去的，历代流传的《昭君怨》一类的歌曲，反映的不是真实情况。谢老把这个想法告诉了邓拓同志，希望他能就此写一篇《燕山夜话》，于是邓拓同志写了《昭君无怨》，用大量史实证明，谢老的判断是完全正确的，做出了"王昭君是汉蒙两族人民共同敬爱的伟大女性，她是不会有怨恨"的结论。

邓拓同志除了发动大家给他出题目和从来信中发现题目，他还在同各种人的聊天中找到题目。邓拓同志喜欢和从事各种工作的人交朋友，和他们促膝谈心，向他们讨教，这些人中，有专家、学者、教授、作家，有工农兵。他写《"批判"正确》一文，就是和几个高级知识分子的老朋友们一块，对"有些不同的意见，各持一说，吵得脸红脖子粗。夜深了，有的还没有吵清楚……"而对于"批判"的看法，正是"没有吵清楚"的一个问题，于是邓拓同志写了这篇文章，作为给老朋友的一封公开信，进一步申述了"批判即是研究"的观点。邓拓同志在和几位大学应届文科毕业生的谈天中，发现他们对"独立地进行学术研究"信心很足，但对什么是"正确的治学态度"弄得还不算清楚，邓拓同志就写了《学问不可穿凿》一文，阐明了正确的治学态度应该是"实事求是"的道理。

邓拓同志是很重视实地考察的。他每到一个地方，并非限于了解一个方面的问题，而是观察思考所遇到的一切。他曾路过古北口去调查工作上的一件事情，但当他看见古北口的"杨家庙"以后，也做了一些询问，顺手拈来，又把它和顺义县狐奴山下的"张公庙"做了一番对比，写下了那篇脍炙人口的《两座庙的兴废》一文。邓拓同志曾到过泰山和海南岛，有的人去那里对有些名胜古迹仅仅是观赏而已。邓拓同志却在观赏中进行调查，思考问题。海南岛南端海滨上，矗立着一块刻有"天涯"二字的巨石，相传这是苏东坡所写。泰山有一个地方，本来并没有什么特别之处，却因为做过"舍身崖"，就被当成文物古迹。有两部纪录影片，分别介绍海南岛和泰山风光的，里面也

都做了这样的宣传,邓拓同志就写下了《替〈宝岛游记〉更正》和《古迹要鉴别》两文,分别说明:海南岛的"天涯"巨石,"天涯"二字根本不是苏东坡所写,因为不仅字体不是苏体字,最主要的是,苏东坡根本没有到过海南岛的南端。至于泰山的"舍身崖",是我国封建社会时期,统治阶级利用宗教迷信,欺骗劳动人民"舍出性命,避免轮回苦厄"的一种愚民行动,是不值得当作文物古迹,更不应该不加分析地去进行宣扬的。邓拓同志这两篇具有说服力的文章,题目也是通过实地考察得来的。

有感而发　针对性强

邓拓同志曾经多次对我们说过:"我写《燕山夜话》都是谈所见所闻所感的,如果仅仅所见所闻,那只是录音机,必有所感,才能成为有思想的东西。"邓拓同志善于在普遍的现象中捕捉主要的问题,透彻地加以剖析,因此他的《燕山夜话》从来都是有感而发,言之有物,针对性强。

《生命的三分之一》是邓拓同志写的第一篇《燕山夜话》,这篇由于独具匠心的题目和立意新颖的内容,马上就吸引住了读者。有的读者看后来信说:"看了《生命的三分之一》,我们才知道原来我们每天都在浪费着自己生命的一部分,感谢作者给我们做了重要的提醒,我们一定加倍珍惜自己生命的三分之一,让它也发出光来。"邓拓同志在1961年写这篇文章，用意是很深长的。因为那时有一些人，面对三年暂时困难，意志消沉，不够振作。特别是有的青年人，下班后无所事事，把许多宝贵的业余时间白白浪费掉了。邓拓同志正是针对这种现象而写。他把一个老生常谈的问题，新鲜地点出"生命的三分之一"的命题，使之具有磁石般的吸引力，又切中要害地打动了读者的心弦，产生了强烈的共鸣，直到今天，这篇文章仍然具有强大的生命力，读后使人震动，奋发，倍感亲切。

继《生命的三分之一》之后，邓拓同志又陆续写了将近二十篇谈学习的文章。《生命的三分之一》，是着重谈学习精神的，更多的篇章是谈学习态度和学习方法的。如《从三到万》《一把小钥匙》《不要空喊读书》《不要秘诀的秘诀》《共通的门径》《"半部论语"》《有书赶快读》，等等。学习精神、态度和方法，这三者之间，也并不是截然可分的。由于读者提出方法方面的问题居多，而方法和态度的关系更要密切一些，因此邓拓同志针对这两点写的文章要多一些。邓拓同志谈学习精神，强调了刻苦和勤奋；谈学习态度和方法，则着重谈了实事求是，打好基础，循序渐进。当然，这些都要以本身有明确的学习目的和虚心好学为前提。

在学习上是存在着通病的。只有抓住通病，找到症结所在，才能对症下药，解决问题。邓拓同志分析，学习上的通病是：总想找到什么"秘诀""捷径"，或者贪多嚼不烂，恨不得一口吃成一个胖子，或者浮光掠影，走马观花，浅尝辄止。邓拓同志在《从三到万》这篇文章里，就讲了重视基础知识的重要性，他说学会一、二、三，

A、B、C乃是"初学的一个最重要的环节"，只有学会了它们，才能"入门"。他还在《共通的门径》一文中谈道，"无论读书，做学问，进行研究工作，首先需要的本钱，还不是什么专门问题的知识，而是最一般的最基本的用来表情达意和思考问题的工具。这就是要学习和掌握语言文字和一般逻辑的知识"。他认为这是"做一切学问的基本功"。只有在打好基础，掌握基本功以后，才能循序渐进，向"精""专"的方向发展。

邓拓同志还在很多篇《燕山夜话》里谈了学习要下苦功夫的道理。他在《不要秘诀的秘诀》一文中说："不管你学习和研究什么东西，只要专心致志，痛下功夫，坚持不断地努力，就一定会有收获。"因此，他提倡"读书不必求多，而要求精"。他通过《"半部论语"》《有书赶快读》两篇文章，反反复复提倡"少而精的读书方法"。他在《有书赶快读》一文中说："我奉劝青年朋友们，你们手上哪怕只有几本政治理论和科学研究的书籍，也要赶快先把它们读得烂熟。"还在《半部论语》一文中进一步发挥道：如果我们按照我们的需要，先把一部马列主义的经典著作读熟，"深刻地全面地掌握其精神实质，在这个基础上，再看有关的其他参考书，就一定会做到多多益善，开卷有益"。邓拓同志认为通过这个办法，还能合理解决好博与精的关系。那时，林彪一类骗子，正挥舞马列主义经典著作只言片语，拉大旗做虎皮，毒害、蒙骗了一些人，邓拓同志明确地提出对马列主义要"深刻地全面地掌握其精神实质"，不异于一发炮弹，击中了林彪一类骗子的要害。

1961年前后，主观主义地单凭"长官意志"办事的思想作风在一部分同志中有所滋长，给党的事业造成一定的危害。邓拓同志针对这种现象，曾经写过很多篇《燕山夜话》，较著名的有《王道和霸道》《"放下即实地"》《主观和虚心》《智谋是可靠的吗？》等几篇。在这些文章中，他反复强调尊重客观规律，按照客观规律办事的道理。他在《王道和霸道》一文中，就语重心长地谈到，我们需要的是"老老实实的从实际出发的群众路线的思想作风"，反对的是那种"咋咋呼呼的凭主观武断的一意孤行的思想作风"。要做到老老实实从实际出发，就必须走群众路线。邓拓同志在《智谋是可靠的吗？》一文中谈到，最好的计谋只能从群众中产生。他引用宋代范仲淹的儿子劝司马光的话说："愿公虚心以延众论，不必谋自己出。"邓拓同志认为有的人常常喜欢自己逞能，自作聪明，看不起群众，不管什么事情总要自己出主意，企图出奇制胜，而不接受下面群众的好意见，有这种毛病的人，终究要吃大亏。他得出结论说："可见任何智谋都不是神秘的，不是属于少数天才的，而是属于广大群众的。"

只相信自己，不相信群众，什么事情全凭想当然，客观规律不管，群众意见不听，关键就在于不虚心。而要做到虚心，并不是表面态度的问题，样子装作很虚心的人，并不一定是真正的虚心。邓拓同志在《主观和虚心》一文中，就谈了什么是真正的虚心，怎样才能做到真正的虚心这两个问题。这篇文章剖析透彻，层次分明，说理性强，对于不虚心的同志算得上一剂良药。

邓拓同志还针对当时有些地区滥用民力的现象，写了《爱护劳

动力的学说》一文，从春秋时代的"用民之力，岁不过三日"谈起，进一步充分发挥了"耕三余一"的想法，他认为，要注意使用民力的限度，注意劳动力消长的客观规律，注意不做民力过于勉强胜任的事；从而"在各方面努力爱护劳动力，爱护每个人的劳动，爱护每一劳动的成果。"由于这篇文章的观点与林彪、"四人帮"的极"左"路线针锋相对，他们对它恨之入骨，在他们所有的批判文章中，几乎都把它列为重点。邓拓同志针对一些地区滥修水库的现象，写了《地下水和地上水》等文章，他认为"对于地上水如果不善于利用，不加以正确的引导，使它能灌能排，而把它堵塞起来，使它停留在一个地方"，就会造成水土流失，地下水位上升，土地严重盐渍化，影响农业生产。邓拓同志针对不负责任的"踢皮球"式的推脱作风，写了《"推事"种种》一文；针对乱打棍子，乱扣帽子，专横武断的"学阀"式作风，写了《多学少评》一文。

必须指出，我国自1958年以来，"左"的倾向已经成为一种危险，不少同志曾经就此痛切陈词，希望引起注意。但其结果往往是挨了棍子，戴了帽子。那么，这种意见还要不要再提呢？这对每一个正直的共产党人来说，确实是一个考验。邓拓同志从来反对随风飘的那种庸俗作风。他常常说，毛主席讲过，千万不要做"山间竹笋"和"墙上芦苇"那两种人。共产党人不应该隐瞒自己的观点，看到对党不利的事情，就应该说出来。正因为这样，邓拓同志的《燕山夜话》，对"左"的倾向从来是针锋相对，坚持斗争的。他在《燕山夜话》中所谈的，正是大多数人心中所想而又不敢直言的话。邓拓同志确实不愧是一个正直的勇敢的共产党人。

围绕《三种诸葛亮》的一席谈

邓拓同志曾经写过一篇《三种诸葛亮》，受到读者热烈的欢迎。记得这一篇文章刚送到编辑部的时候，我们看到这个题目，都感到很新鲜。事前诸葛亮和事后诸葛亮，都是大家常说的；带汁的诸葛亮，则是第一次听到。而邓拓同志对事后诸葛亮的评价，也不同于一般的说法，文章的解释是令人心服的，但我们还是希望能亲自听到他的一些讲解，于是我们找了邓拓同志。

邓拓同志说，诸葛亮确实是值得研究的一位人物，诸葛亮在人们的心目中，名气很大，甚至超过了同时代的大政治家，大军事家、大文学家曹操父子。这当然和《三国演义》以及民间的说唱渲染有关。但诸葛亮是有他的长处的。他的"鞠躬尽瘁，死而后已"的精神，就为后人所乐道。他还成了"智慧"的化身，人们总是把他作为料事如神的人来宣传，《三国演义》就把它神化了。这就歪曲了诸葛亮的本来面目，似乎一提诸葛亮，就只有事前的诸葛亮，而根本没有事后的诸葛亮。谁要当了事后的诸葛亮，就被当成嘲讽、挖苦的对象，这是不公正的，也不符合客观事实。

诸葛亮是人，不是神，他和普通人一样，也长着一对耳朵，一双眼睛。诸葛亮有他的长处，他的长处就是重视调查研究，善于从失败

中总结经验教训。诸葛亮的未出茅庐预知天下事，是由于他早就对当时形势有了深入的分析研究，才得出了"天下三分"的结论。诸葛亮是很虚心的。刘备三顾茅庐，诸葛亮始终不肯出来见他，好像是爱摆架子，其实这一方面是诸葛亮对刘备进行考察，一方面是在为刘备做宣传。争取人才，是当时的一件大事。刘备三顾茅庐，礼贤下士的故事一传出去，很多人才就自动跑到刘备那里去了，诸葛亮以后用了很多工夫为刘备网罗人才，就是证明。诸葛亮是求贤若渴的，他从不因为自己高明，就排挤别人。

诸葛亮打过不少胜仗，也打过不少败仗，人们往往只注意他打的胜仗，忽略了他打的败仗。他打胜仗，也不是因为他"神"，而是他对敌方有比较深入的了解，他不但了解敌方的兵力，还了解敌方的士气，了解敌方将领的特长、脾气、秉性。对自己的一方，他也了解得很清楚。打仗的时候，他常常亲自察看地形，观察气候的变化，这样，打起仗来，才能得心应手。他的善用火攻，善用疑兵，离开了调查研究，也会一事无成。

诸葛亮打了不少败仗。他的几出中原，就没有达到预期的目的。要不然，他怎么会自己请求降职降薪呢？他帮助刘备得了荆州，最后还是因为关云长的骄傲大意，得而复失。开始，他是尽力推荐关云长守荆州的，他也出了"东和孙权"的锦囊妙计，关云长不肯照他的建议办。他对关云长的缺点是深知的，但并没有采取补救措施，不能不说是他的一大失着。他看人有时不准，马谡失街亭就是一个生动的例子。但诸葛亮终究是诸葛亮，他遇到失败，决不灰心丧气，也不蛮干，而是总结经验教训，自己承担主要责任，进行必要的赏罚。如果没有这么多次事后的诸葛亮，事前的诸葛亮就不会形成。正是"前事不忘，后事之师"，"失败是成功之母"。人们往往是在挫折中成长的。所以，在千变万化的客观事物面前，事后的诸葛亮是多数，正如毛主席所讲的，实践出真知嘛！

唯一不好的是带汁的诸葛亮。事前，大话连篇，以诸葛亮自居；事后，哭鼻子抹眼泪，一副狼狈的面孔。这样的人，过去有，现在也有，因此提出来，引起大家的注意。

听了邓拓同志的讲解，我们对他这篇文章的意义，就有了更进一步的了解。

《燕山夜话》和青年

邓拓同志曾经写过《"初生之犊不怕虎"》一文，他在这篇文章中，赞颂了我国青少年队伍里不断涌现出的新生力量，赞颂我国各条战线上出现的"长江后浪推前浪，一辈新人替旧人"的可喜景象。邓拓同志通过列举我国历代出现的年轻著名人物的大量事例，说明社会主义的新中国比旧社会更具有不可比拟的优越条件，只要青少年勤奋好学，再加上老一辈人的正确指导和扶掖，就一定会涌现出更多的优秀人物，为人民事业做出更多更大的贡献。

邓拓同志认为，要使我国出现更多的优秀人物，年长的一辈有责

任对年轻的一代加以指导和扶掖。在我们和邓拓同志接触的过程中，我们体会到，邓拓同志不但是纸上这样写，口上这样说，行动上也是这样做的。正如《青春漫语》的作者，原中共北京市委宣传部部长杨述同志最近讲的那样，邓拓同志"对下面的干部和青年的一点长处，总是津津乐道，加以奖掖。至今我还记得他把一个女孩的画拿给我看，再三表扬的光景"。

邓拓同志对青年人是倾注着关切和期待之情的，在《燕山夜话》中，有不下50篇是专门为青年人而写，鼓励青年人珍惜青春，立志向上，为祖国多做贡献。很多青年人都把邓拓同志当作知心，向他诉说自己的理想，诉说在前进中遇到的问题，请求邓拓同志帮助指点，邓拓同志接待过很多青年人，和他们亲切交谈。他在《说志气》一文中说到，有一位青年朋友，准备回农村参加农业生产，要求同他谈话，征求他的意见，他鼓励这个青年人要有志气，努力把我国落后的农业改造成为现代化的农业。他在《人穷志不穷》一文开头说："一位青年学生前天来看我，谈起他有一个打算，想把明代黄姬水编的《贫士传》选译成语体文，问我赞成不赞成。我觉得他这个想法很好，当时就表示完全赞成。"他还在《十日一水，五日一石》一文中说："我家昨天接待了一个学美术的青年人，他要我给他题字，我就写了八个字：十日一水，五日一石。"提醒他不可骄傲自满。

邓拓同志关怀青年人成长的事例是很多的。有一位青年工人业余诗歌作者，经常在《北京晚报》上发表一些短诗。他遵循毛主席的教导，努力尝试把新诗写成旧体诗和民歌的结合，取得了点滴的成就，我们把这个情况告诉了邓拓同志，邓拓同志看了他写的诗，很高兴，让我们把这个青年工人带去见他，一再鼓励这个青年要忠于生活，勇于创新，坚持按毛主席的教导去做。青年画家李克瑜同志，是专门搞舞蹈服装设计的，也经常为报纸画一些舞台速写，初具一定的风格，受到读者的欢迎。可是她自己在创什么样的风格上，总有点摇摆不定，怕人说她"创过了头"。邓拓同志从我们这里知道了她的想法，主动让我们把她请到家里，和她做了几次热情的谈话。邓拓同志从中国历代的画派谈起，谈到不同的画派所具有的不同风格，希望她努力提高自己的思想政治水平，对客观事物做深刻的观察研究，在不断地发展变化中形成自己的风格。

邓拓同志总是对我们说："'青出于蓝而胜于蓝'，这是事物发展的规律。我是多么希望青年人能胜过我们啊！"

最是虚心留劲节

《燕山夜话》在《北京晚报》发表以来，受到广大读者热烈的欢迎。全国各地，远自云、贵、新、藏，几乎每天都有读者来信，表达了他们对《燕山夜话》的喜爱和支持。许多专家、学者、作家、教授，许多在中央工作的领导同志，也都纷纷打听《燕山夜话》准备刊载多长时间，何人写的。有的评价《燕山夜话》为："短小精悍，寓意深刻，知识丰富，文笔清新。"有的评价为"其人，其时，其

文"。意思是指只有中华人民共和国成立以来，我们在工作上积累了这么多的经验教训，才能在这种时候，由邓拓同志这样博学、多才、善思的人，写出这样中肯的文章。我国著名的作家老舍先生称赞邓拓同志的《燕山夜话》是："大手笔写小文章，别开生面，独具一格。"

在这里，我们要讲一个有关《燕山夜话》的"读者、作者、编者"之间的小故事。有一个读者，他特别爱读《燕山夜话》，认为《燕山夜话》打开了他的眼界，使他领略到祖国有这样丰富的遗产。他很喜欢画国画，在《燕山夜话》的启示下，刻苦钻研绘画，决心努力继承祖国这份文化遗产。他利用业余时间不断作画，心里经常想，要是有一天，他能亲眼看到邓拓同志，请邓拓同志看看他画的画，直接听听邓拓同志的指点，那该多好。他向《北京晚报》编辑部提出了这个愿望。经过邓拓同志的同意，他终于见到了邓拓同志。邓拓同志热情地接待了他，鼓励他立足本职，在业余时间坚持练习作画。邓拓同志还在他带去的四幅兰、竹、梅、菊上，分别题诗留做纪念。这个青年人，深感邓拓同志作为一个革命老前辈，对一个素不相识的后进习作者，给予了这么大的关怀、激励，他更加奋发，在做好本职工作之余，努力从事国画练习，后来，荣宝斋接纳了他的绘画。尽管在"文化大革命"中，他也受到了株连，他仍然精心保存着《燕山夜话》，保存着邓拓同志给他题诗的四幅国画。他常常从《燕山夜话》，从邓拓同志的题诗中汲取力量。邓拓同志曾就他画的竹子题了一首小诗道："阶前老老苍苍竹，却喜长年衍万竿。最是虚心留劲节，久经风雨不知寒。"这铁铮铮的诗句，给他增添了勇气。

以上只是一个平凡的小故事，但它是真实的，感人的。从这里，我们可以看到，《燕山夜话》给一个人带来的是什么影响，他从《燕山夜话》里汲取到的是什么教益和力量。而且影响是这样深远，直到十几年后的今天。

尽管《燕山夜话》受到了广大读者的赞扬，引起了巨大的反响，邓拓同志总是对自己不满意。他说："每写一点东西，到了发表出来一看，就觉得自己没有写好，心里很惭愧。"邓拓同志认为"《燕山夜话》还很难完全适应工农兵群众的需要"，这是他时时自勉，要努力做到的。邓拓同志在谈到他写《燕山夜话》的体会时说过："我常常想到、看到、听到一些东西，觉得有了问题，随时就产生一个题目，就自己现有的水平，有什么写什么。写的时候，基本上是按照自己的思维过程，用文字表达出来。"他认为写东西，一定要"开门见山，去掉人云亦云的废话"。正是因为邓拓同志始终对自己不满足，始终面向工农兵，始终面对现实，始终写自己所想，始终破陈规旧律，他写的文章，才越来越博得好评，越来越吸引着成千上万的读者。有一家全国性的大报，曾经多次派人向邓拓同志提出，希望他把《燕山夜话》这个栏目转移到他们的报纸上刊载，或者转移其中的一部分文章在他们的报纸上发表。邓拓同志用开玩笑的方式谦虚的回答："《燕山夜话》是微不足道的，渺小的任务还是由渺小的报纸去完成吧！"

邓拓同志曾经把自己写的《燕山夜话》比作瓦片。他在《一块瓦

片》一文的开头说："偶尔和编辑同志谈起了这个题目。这意思是说，我写的文章可能比抛砖引玉的石头还不如，只能是一块很平常的瓦片。"邓拓同志就是这样自谦的。

燕山碧血沃红花

我们在组织邓拓同志写《燕山夜话》的过程中，和邓拓同志的接触比较多，也经常受到他的教诲。和邓拓同志相处，总使人感到他是一个长者，实际上，邓拓同志的年岁并不算大，他给《北京晚报》写《燕山夜话》时才48岁。和邓拓同志交谈，是一种享受。好像有那么一股清泉，缓缓流入你的心田，使你感到轻快，又得到充实。我们是新闻战线的新兵，邓拓同志是新闻战线的前辈，新兵见前辈，未免局促；邓拓同志能使你不局促，他把方法、经验、信心给你，这正是你的需要。好比你渴了，自己需要喝水。他从不注入，而着重于交流；他从不硬塞，而是启发你想；他是师长，但更是朋友。我们觉得，这并不是由于邓拓同志有什么特别的本事，而是出于他朴素、真诚、磊落的品质。

邓拓同志曾经写过《燕山碧血》一文，编在他的最后一集《燕山夜话》的最后一篇，他在这篇文章的开头写下了烈士白乙化同志的两句豪言壮语："革命是我们的权利；牺牲是我们的义务！"邓拓同志过去办《晋察冀日报》，是边战斗、边办报，他的许多文章都是在马背上写的，大家都称他是"马背办报"。他曾给一位牺牲了的战友题诗："朝晖起处君何在，千里王孙去不回。塞外征魂心上血，沙场诗骨雪中灰。鹃啼汉水闻滦水，肠断燕台作吊台。莫怨风尘多扰攘，死生继往即开来。"说得何等好啊，死生继往即开来！

我们永远记得，邓拓同志曾经用春蚕做比喻，鼓励我们为党多写东西，他说："你们要把写作当成蚕吐丝嘛，春蚕到死丝方尽。是蚕，就要吐丝，何惧一死。"

是的，是蚕就要吐丝。

亲爱的读者，你们看见过春天的蚕吗？它们通体透亮，头一昂一昂的，吐出银光闪闪的丝来。这丝能织成绸缎，给人以丰采；这丝能打成丝绵，给人以温暖。

杜甫在怀李白的诗中写道："文章憎命达，魑魅喜人过。应共冤魂语，投诗赠汨罗。"光明磊落，才华横溢，年仅54岁的邓拓同志，宁为玉碎，不为瓦全，过早地离开了我们。然而他将永远为人们所怀念！他的《燕山夜话》，将长留人间！

邓拓同志和中国历史博物馆

陈　乔　史树青

　　中国历史博物馆从1958年开始筹建，到1959年中华人民共和国成立十周年筹建完成开始预展，1961年7月1日中国共产党成立四十周年纪念日正式开放，筹建工作仅用了不到一年的时间，这在建馆史上是少见的。它的建设完全贯彻了多、快、好、省的方针。邓拓同志当时是建馆的领导者和组织者，他的贡献是非常显著的。我们在同邓拓同志一起工作期间，在他身上学习了很多东西，受到不少教益，嘉言懿行，至今深深地萦留在我们的脑际，铭记在我们的心头。

　　1959年5月15日，由范文澜、翦伯赞、钱俊瑞、王冶秋等同志推荐，经北京市委和中宣部批准，邓拓同志任中国历史博物馆建馆领导小组组长。当时邓拓同志除了忙于领导北京市的文教工作外，就是抓中国历史博物馆的建馆工作。

　　我馆的前身北京历史博物馆，原在天安门内，基础薄弱，人员很少，无论在人力、物力和领导方面都不可能完成中央提出的在天安门广场建立现代化的国家历史博物馆这一光荣而艰巨的任务，一切都要从头做起。时间紧迫，馆址建筑和陈列设计必须同时进行。邓拓同志首先抓专业队伍，由几个大学和科研单位以及各地博物馆调集了一批教授和专业人员，组成一个较强的业务队伍，聘请许多有名的专家和教授作为骨干力量。陈列内容的设计，陈列形式的表现，陈列柜架、图表、模型的制作，陈列文字的拟定以及文物的征集等，都由邓拓同志领导，全面规划。

在文物的征集工作中，全国各兄弟单位和一些同志发挥社会主义协作精神，把本单位或个人所收藏的许多重要文物支援历史博物馆；有些重要文物是由邓拓同志亲自出主意，想办法，逐一加以解决的。由于任务紧急，邓拓同志和大家一样，也夜以继日地操劳。他经常是白天忙于市委工作，夜晚在家研究陈列问题，修改陈列文字说明。从陈列指导思想，到每个标题说明；从每个历史人物的评价，到每个标点符号的用法，他都一丝不苟，认真修改。有时为了改好一段文字，他往往反复钻研，翻检许多资料，直至深夜，然后才把稿子定下来，当夜通知我们取回使用。

邓拓同志在历史研究和文物鉴别的问题上，很尊重专家和群众的意见，并不以领导和专家自居。对于陈列内容的设计，他总是和各段设计人员互相商量，甚至仔细询问工作人员对一件文物的使用目的。他常对大家说，通过业务实践进行学习，是培养干部、提高干部理论水平和业务水平的好办法。他也多次说过，他在领导建馆工作中，向

同志们学到了许多历史文物知识和历史研究方法。

邓拓同志很注意贯彻学术研究上的"百家争鸣"方针。当时，我馆历史陈列遇到许多有争论的问题，如中国古代史分期问题，资本主义萌芽问题，历史人物评价问题，中外关系，民族关系等，邓拓同志都虚心听取各方面的意见，认真分析，妥善处理，决不武断。有时还邀请一些著名的专家讨论研究，慎重予以决定。如中国古代史分期问题，各位专家看法很不一致，他就与范文澜、翦伯赞、吴晗等同志反复研究，最后采用了郭沫若同志的观点。

在邓拓同志主持和领导下，《中国通史陈列》按照辩证唯物主义和历史唯物主义系统地、正确地阐明了中国历史的发展过程和科学技术、文化艺术的光辉成就，受到国内外观众的好评。1960年2月我馆被评为先进单位，出席了北京市文教战线的群英大会。

邓拓同志是历史学家，又是文物爱好者，很重视历史文物的保护、研究和收集。我馆收藏的河北易县战国燕下都遗址出土文物（燕陶馆藏品部分），就是1946年邓拓同志从易县收集来的。在当时游击战争艰苦紧张的环境中，这批文物从易县转移到阜平，又由阜平转移到石家庄，终于保存下来，是很不易的。山西阳高古城村汉墓出土文物，也是邓拓同志亲手保存下来的。这些文物，都于1949年北京解放后运交历史博物馆收藏。明清时期有关北京门头沟煤窑业的文书契约，是邓拓同志收藏的研究中国资本主义萌芽、特别是京西煤矿历史的重要实物资料，其中有些曾在他的《论中国历史的几个问题》中发表过，在我馆建馆时期，他把这些珍贵文物也都慨然献给我馆收藏。

明清时期的土地买卖和租赁契约、车厂揽运货物合同和宋代女词人李清照画像等，也都是说明社会历史问题的重要文物，他都捐献了出来，充实了我馆的陈列内容。

　　邓拓同志对别人的学识非常尊重，经常向有关专家请教，对青年人热情给予帮助。王毓铨同志是明清史专家，邓拓同志的《论中国历史的几个问题》在1959年11月出版前，曾亲交王毓铨同志审校。对于王毓铨同志提出的意见，邓拓同志都认真地作了研究，加以采纳。历史研究所刘永成同志是邓拓同志指导的研究生，邓拓同志知道我馆收藏了一些有关明清历史的碑刻拓本，就亲笔写信介绍刘永成同志来馆进行研究。邓拓同志对老年专家的尊重和对青年同志的培养教育，事例很多，这里就不一一列举了。

邓拓同志与荣宝斋

三 丁

　　博学多才的邓拓同志对中国民族传统绘画富有研究，有很高的鉴别水平。在鉴定一件历史名作的时候，他经常查找许多资料，并和很多有经验的同志交换看法，进行研究，一直到完全肯定为止。他说，如果条件可能的话，要尽量收集点资料，既为国家积累艺术财富，又可供研究者参考。在他的鼓励支持下，荣宝斋收集了一批书画艺术珍品。

　　为了保存和发展优秀传统艺术品，他鼓励我们应用木版水印的性能和技法，复制印刷我国古代的珍品。现在我们国家珍藏的一卷名品大件——唐五代重彩人物画《韩熙载夜宴图》，就是在他和齐燕铭同志的鼓励支持下印制成功的。在印制时，为了不损伤原作或尽可能少损伤原作，我们组织对传统绘画有研究的技术人员先行临摹，以摹本作为印刷复制的参考根据。通过临摹又为国家增加了不少副本。在临摹的过程中，邓拓和燕铭同志经常来现场指导，对摹品核对得很仔细。对每一个人物的神态，包括图章的颜色和位置都给予具体的指导。临摹和木版水印印刷古代作品是保存历史文化艺术品的一个创举。

邓拓同志经常说，我们是社会主义国家，既要继承传统文化艺术，也要创造新的。为了鼓励我们推陈出新，他为我们出版的《新英雄谱》的每个英雄人物都作了诗；对现代画家，特别是新起的青年书画家他更是热情关怀，经常给他们的作品题词，使原作诗画合璧，顿增光辉。他还经常指示我们为画家多创造方便条件，如给他们定制质量高的纸墨笔砚等等。由于邓拓同志和一些老同志的鼓励和支持，我国这一门传统文化艺术，在海内外广为传播，深得各方好评。今天回忆起来，我们是非常感念他的。

《邓拓书法选》序

李一氓

　　邓拓同志的手迹，为1966年以前所写，均属行书，力求潇洒，不肆险怪，难能可贵，就在这里。至于说历史继承，则恐以宋人为多，如何比较论证，则就很难说了。现在编选一卷印行，不仅是作为纪念，他的书法自有艺术价值在。邓拓同志的律诗成就亦甚湛深，如文学出版部门，能精选一编，亦将会是本好的诗集。

　　最后，我想提起一件事来追念他。中国共产党第八次全国代表大会时，我和邓拓同志同属北京选区的代表团；初选中央委员时，候选名单中有他的名字。他向代表团诚恳表示，他还年轻，资历差，愿退出初选，把名额让给老同志。中央接受他的意见，八大正式选中央委员时，就剔去他的名字了。这完全可以说是一个共产党员的虚怀美德，同样难能可贵。十几年来，不知怎么样，造成一种与这相反的风气，真不好说了。

1979年5月20日　　（节选自《读书》，1979年第6期）

谈邓拓同志的书法

启　功

　　邓拓同志是我所敬佩的一位同志，他的革命政绩，自不待言，也不是我这样水平的人能说得透的。他的文章，则是我爱读的，那种流畅的笔法，广泛的内容，精辟的见解，和丰富的趣味，读一篇，有一篇的收获。特别是他那些诗，真无愧是革命的内容，民族的形式。我常和一些爱好古典诗歌的朋友谈起革命阵营中的老同志的诗，总要说到邓拓同志，说他是"当行出色"。

　　还熟知他是文物的爱好者，曾不惜把多年积累的一点稿费，买了一卷有明代人题跋的苏东坡墨竹卷。豪举也罢，痴举也罢，在对民族文化有深厚感情的人说起来，这个举动的艺术并不减于一卷苏东坡墨竹！

　　可惜的是，我并不认识他，只有一次在一个小文物店遇上了，他问我几件吴墨井画的真伪，匆匆一谈，竟成千古，岂能不令人有无限的惋惜呢？

　　十多年过去了，有一次在邓夫人丁一岚同志家获观了劫余的邓拓同志遗墨，大大小小若干件，真使我耳目一新，对于邓拓同志的艺术才能又多增了一番的认识。

　　进门看到壁上悬挂着"千秋翰墨擎天地，万里云山入画图"一副行书对联，笔法的流动，点画的沉着，每字结体是那么妥当，一行的安排又那么合适。纸似未经叠格，因为疏密并不机械。但上下联配搭相称，又似非常精心对照着写的。于是不禁地沉浸在他的书法境界中去。

　　接着看了他大幅横批，写的"四海翻腾云水怒"诸句，用笔又是那么沉着厚重。当然，太大了，任何人写起来也要吃力，也会有些收拾不尽处，但张挂在墙上，却是气势逼人，想见他生平的威风凛凛。

　　接着又拜观了一些长条短幅和册页，都是信笔挥洒，似乎并无意于写字，随笔所到，都有新的意味。

　　也见到一些小册页，磁青纸，细界格，仿佛是用泥金写的小行书。真可算是片片精金，张张夜玉。细看去原是黄色广告颜料所写。朴素的材料，竟写得金碧辉煌，这效果便不是工具的作用所能承担的了。我更喜爱他的一幅横额，只写"实践"二字，印在一本赴日本展览的目录册中，笔画既流动又沉着，仅仅两个字，精神即能撑满篇幅，不同于一味痴肥的旧式匾额。尤其可注意的是这两个字的结构，不是复杂的繁体，也不是那罕见的"隶古定"体，而是略带行书的简化字。有人曾怀疑过简体字的艺术性，以为书法作品中不宜写简化字。这种思想的是非问题姑且不淡，只要实践去检验一番，即可得到答案。我曾写过毛主席的诗词，同简体字作行草书，挂在那里，观者初看似乎觉察不出是简体字，指出来，才引起注意。这是近五年的事，原来邓拓同志早在十几年前就有这样的作品。

还有一副对联是"疆场无敌手，艺苑发奇光"，笔画饱满，墨气淋漓，看去好像墨水未干，这是我这天看见他的末一件遗作，正好也就是邓拓同志文章和书法的恰当赞语吧！

邓拓同志书法的特点，既那么突出，但又令人捉摸不着他究竟是怎样获得成功的。从一岚同志那里得读邓国治同志的纪念文章，不但分析了邓拓同志书法成就，也还追述了他的学习过程，是由一岚同志提供的，当然绝不同于一般猜测，而是确有根据的。文中谈到邓拓同志年轻时也曾临过颜、柳、欧等名家的帖，也曾用麻绳捆作粗笔，在砖地上蘸水写大字。仅这两点，就给我极大的启发。他的字，看起来绝不是没有传统的，这撇像甲派，那捺像乙派。再看另一个撇或捺，也许又像丙派、丁派。挂在那里看，更不是任何一派所能包括，只能名之曰邓派。所以我这并没有多见邓拓同志书法的人，初见到墙上那副对联时，即有"似曾相识"的感觉。这一点可以证明他是曾经学习过古代名家的法书碑帖的。

我又在他的《燕山夜话》中看到他的论书法的文章，例如在《选帖和临池》一篇中，可以看出他既不反对临帖，却又不赞成"死抱住一种字帖，临之摹之"。我最佩服他论初学写字的一段话：

"要知道，无论学习哪一种字帖，对于初学者都未必适宜。最好在开始学字的时候，只教一些最基本的笔法，然后练习普通的大小

楷。等到笔法完全学会，能够运用自如的时候，随着各个人的喜爱，自己选择一种字体，同时尽量多看各种法帖墨迹，融会贯通，就能写一手好字。"

古语云，"三折肱知为良医"，这段论学书的话，真是甘苦有得、行之有效的好经验。也可以印证他所写的字为什么又有古人，又有自己，原来他苦口教人的经验，正是自己从辛勤实践中得来的。

我又从他用绳束蘸水练字的事得到启发，他那些体魄雄伟、墨气淋漓的大字，绝不可能是整天在纸上临摹古帖所能得到的效果。原来他曾用过这番功夫。当然这种练法，并不能说是学书法的必用方法，但在具体的某一位书法家得力于某种方法，或得力于某件法帖等等，是不能否认的。

邓拓同志的字腕力灵活，分明是提起笔来居高临下地写成的。如果执笔太用力，臂腕的角度太定型，是不可能得出这种效果的。但他究竟是怎样执笔运笔的，可惜我已无从印证了，翻看《燕山夜话》中《讲点书法》一篇，使我恍然明白，他对传统的旧说法是曾批判地看待，因此得知，他的执笔运笔必然是不受旧法拘束的。他说：

　　就以执笔的方法来做一个例子吧。比如，现时流行的一种意见是"要紧握笔管"，特别要求学生"着力握笔"，"以全身之力，由肘而腕，由腕而指，由指而笔管，而注于笔尖。"这一点，学生很难掌握……于是有经验的老师又搬出他自己从前学会的一种方法来了。这就是站到学生的背后，出其不意地去拔学生手里的笔管，以拔不掉的为好。

他接着说：

这种意见和这种做法，到底好不好呢？宋代的苏东坡早已做了结论，认为这是不好的。

下边他就引了苏东坡的一段话：

献之少时学书，逸少从后取其笔而不可，知其长大必能名世。仆以为不然。知书不在于笔牢。浩然听笔之所至，而不失法度，乃为得之。然逸少所以重其不可取者，独以其小儿子用意精致，猝然掩之，而意未始不在笔。不然则是天下有力者莫不能书也。

邓拓同志接着说：“苏东坡的这一段议论，应该承认是讲得对的。”从他对旧说的看法，看到他对执笔运笔的态度，也可以看到他在作书时的实践，必定不是墨守旧说，死执笔管的。那么他写出的字迹，具有那些优美的效果，是完全可以理解的了。

最后我还要谈谈邓拓同志的绘画。他的书法流传的数量，比起他的文章要少得多。至于绘画，就几乎更是稀有的珍品了。有一幅幸存的照片，照的是他和老画家周怀民合作画的画。他画的一角山石，周

怀民补了一些梅花，邓拓同志题了诗，是留赠给江南灵岩寺的。听说在"文革"中，因为这幅画，说寺中妙真长老和"三家村"有黑线联系，致使这位长老被迫含冤自杀了。这幅照片真成了宝贵的历史文物啊！我还见到一幅芦雁，纸地已经是千疮百孔，没有题款，也没有芦苇，不知是裁割了去的，还是没画完的。但仅就两只雁的画法看，如果不是未经装裱的纸，我必要认为是边寿民的残画。

我分明知道，邓拓同志并未曾学过画，但为什么竟有这样的成就呢？其实不难理解，民族的艺术，虽然品类不同，但他们之间的精神实质，是互相关联，互有影响的。邓拓同志既掌握了马列主义的理论，掌握了文学艺术的规律，又具有对于书法的实践经验，他又曾在《燕山夜话》中发表了《书画同源的一例》的深刻见解。那么他虽不曾在画法上专门用过功，但他的运用毛笔的规律，必然是驾轻就熟的。我们还知道他在文物书画方面有浓厚的兴趣，也有湛深的研究，所谓"薰习"的作用，必然会开花结果的。

邓拓的书法

邓国治

　　邓拓的书法，十几年前常在荣宝斋、和平画店等橱窗内见到，有些学校的匾额或当门书屏也是请他写的，再就是历届书法展览会上，这些，都是行书大字。最近于访谈邓拓夫人丁一岚时，她拿出珍藏的几件邓拓墨迹给笔者看，则是自勉诗、家书之类，都是行书小字。不论大至迳尺，还是小不盈寸，一个共同的特点是潇洒俊逸，笔势奔放，通篇气韵很足，有一笔到底、一气呵成之感，行书那流畅洒脱的特征得到了充分表现；看来邓拓好用狼毫。另一个特点就是瘦劲洗练，以骨力胜；他的大字行书间或杂以飞白，疏密相间，更显摇曳多姿。

　　俗语说："书如其人。"此话虽不可全信，但也有一定道理，我们于邓拓的书法里，也仿佛看到了他开朗、奔放的性格和潇洒的风度。

于书法一道，他不但长于实践，还在理论上作过一番探讨，20世纪60年代初的《燕山夜话》和《三家村札记》里，就有他写的《大胆练习写字》《书画同源的一例》《讲点书法》《选帖和临池》《有法与无法》《从红模字写起》等多篇文章，他主张："不要做书法的奴隶，而要懂得灵活运用。"（《讲点书法》）"死抱住一种字帖，临之摹之，并不是好办法。"（《选帖和临池》）他自己的书法实践也证明了这一点。据他姐姐讲，他早年临习颜字、柳字，在福州老家时，每天未明即起，用自己拿麻绳捆成的"抓笔"，蘸着清水在方砖上练字，力求钻进去，学得像，但成年以后，便逐渐冲破规矩，写自己的字，今天我们看到他的墨迹里，何尝有一毫颜、柳的味道？也找不到同别的名家的瓜葛，他的字就是他自己的字，他这样主张，也这样实践。

可惜的是，经过"四人帮"对文化艺术的浩劫，邓拓的墨迹留存很少，仅在他夫人那里见到几页，真是吉光片羽了。邓拓夫人表示，有心搜集一些邓拓的墨迹，出一本《邓拓书法集》，笔者把她的想法并录于此，冀热心人能协同征集抑主动捐献，庶几使邓拓的书法艺术得以流传，也了却邓拓夫人的一番心愿！

1979年2月

杰出的功绩　无私的奉献

——忆邓拓同志对我国古代书画和文献的研究及收藏

刘孟洪　刘永成

"目的是为了抢救"

1961年，邓拓同志在北京一家古画店发现了一幅画有潇湘竹石的图卷。我国湖南零陵以西，为潇湘二水合流处，历代诗人、画家，或亲历其境，目睹山川形胜，或耳闻而神往，多有吟咏、绘图。这一幅图卷，即以潇湘竹石为题而作。展看全图，俊逸之气扑人，画面上一片土坡，两块石头，几丛疏竹，左右烟水云山，渺无涯际，恰似湘江与潇水相会，遥接洞庭，景色苍茫，令人心旷神怡。画法也不同于一般山水作品，有极大的创造性。画石用飞白笔法，画竹用楷书及行书

撇、捺、竖、横等笔法，而稍加变化，画烟水、云山、远树则用淡墨点染，气韵生动。引人注意的是，画末题有"轼为莘老作"五字。图卷后更有历代题跋文字三千余言，凡二十六家。题跋最晚的时间截止于明代嘉靖辛酉，即公元1561年，其中有许多名家笔墨，如元代福建十大才子之一郑定，以草书写七绝一首，诗曰：

苏老才名重古今，人间遗墨若南金。

山云挟雨溪头过，石山琅玕起夕阴。

又如明代著名学者吴勒，洪武初试经学第一，任武昌及开封府教授，门生满天下，写字有晋人风格，也在卷后题诗一首：

坡仙昔在黄州时，居闲每访孙莘老。

竹石曾将写赠之，遗墨到今真是宝。

明代历任工、户、吏三部尚书的夏邦谟，在题诗中就潇湘景色的形象描写，说道：

东坡逸迹天下奇，竹石点染潇湘姿。

恍惚二妃倚薄暮，林间或有泪痕垂。

从整个图卷与题跋，都可以看出，这是一件不可多得的珍品，极有可能出自宋代大才子苏东坡的手笔。邓拓同志深为这幅画所吸引，在画前徘徊凝视，不忍离去。画店的营业员告诉邓拓同志，这幅图卷经画店收购得来以后，曾请国家有关收藏部门派专家鉴定，认为并非东坡真迹，因此价值不大。画店的同志无力辨别真伪，如果加以一般处置，实在可惜。留在画店不行，因为怕积压资金；不留吧，又怕确是珍品，再遭流失。邓拓同志考虑再三，决定自费收购，留待鉴别。

这一幅潇湘竹石图卷，究竟是苏东坡的真迹还是伪作，确实是一件疑案。但是有关专家已经明确结论，肯定它是假的，而且拒绝收入国家库藏。在这样的情况下，邓拓同志为什么要自费收购下来呢？我们用这样的问题请教于邓拓同志，邓拓同志爽朗地笑了起来，他说："目的是为了抢救。"

邓拓同志告诉我们，无论在中国和外国，历代都有许多收藏家，他们的活动对于各国人民的文化和艺术事业，直接发生积极的影响。远在两千年前的秦代，中国的历史文献曾经遭受了一场浩劫，当时除了医卜种树之类的书籍以外，各种经籍和各家著作都被秦始皇下令焚毁了很多，后来项羽又火烧咸阳宫殿三月之久，把大批文献和档案都烧毁了。但是民间有许多收藏家秘密把古籍保存下来。古文的《尚书》《仪礼》，以及《礼记》等书，都是在民间保藏着的。在中国的长期封建社会中，并不只是封建皇室和贵族官僚有能力收藏各种文物，民间的一些收藏家、不避刀火搜剿，反倒苦心经营地保存了许多精美的文物。清初河北民间的大收藏家梁清标，在这一方面就有很大的贡献。邓拓同志说，在外国，历代收藏家的活动也很普遍。他们有

的收藏古籍信札，有的收藏名画、古器，有的收藏邮票、商标。苏联
十月革命以后，有一位教授曾把他收藏的许多珍贵绘画、稀有书籍、
作家手稿等全部献给了苏维埃政府，其中有画海的名作家阿瓦佐夫斯
基的油画二十四幅，普希金和果戈理的书信，匈牙利作曲家李斯特的
手稿等。由此可见，不论是哪一个国家，哪一个民族，民间的收藏家
有着不可磨灭的功绩，做出过巨大的贡献。当然，在收藏文物的过程
中，难免鱼龙混杂，这就有个区别真伪的问题。其实，并不是坏事，
你说他假，我说他真，就需要摆出道理，就要下功夫。在国外，至今
对达·芬奇的某些画，莎士比亚的剧作，不是都有争论吗！有争论，
就可以得到进一步的探讨，使研究更加深入，这也是百家争鸣嘛！争
到最后，总会有个结果。没有结果也不要紧，可以存疑。如果仅仅由
个别权威人士武断地作出宣判，反倒不好，因为很可能把一些名贵的
珍品判处了"死刑"。从这个意义上来说，敢于发表不同意见的人，
对某些珍品也是一种抢救。

　　邓拓同志的一席话，顿使我们豁然开朗。我们问邓拓同志："潇
湘竹石图真是苏东坡所作吗？"邓拓同志说："一时很难说，研究研
究看吧！"

　　邓拓同志的时间是安排得很紧的，不论是白天还是夜晚，他都要
处理大量的工作，亲自接待来访，勤奋读书写作。然而他仍然抽出了
业余的时间，对潇湘竹石图卷做了全面深入细致的研究，时隔半年，
他终于做出结论：潇湘竹石图确实是苏东坡的作品，是真迹，而不是
伪作。他把研究的结果，写成《苏东坡潇湘竹石图卷题跋》一文，连

同画卷发表在1962年第6期的《人民画报》上。邓拓同志对于这一幅画的考证，言之有物，论据充分，令人信服。由于苏东坡的学问、事业、文章、品行及一生遭遇，彰彰垂于青史，人所共知，然于诗文以外，东坡之画流传绝少。东坡的潇湘竹石图卷一经发掘披载，立即引起了国内外极大的注意，反应强烈。尽管邓拓同志由东坡之为人，东坡之交游，东坡之经历，东坡之心境，东坡之擅长画竹、画石，东坡之文章风格及古朴字体，并纵论各家题跋，提出了难以辩驳的依据，但他在文章的最后，还是谦虚地写道："现在东坡作品已经摆在大家面前，就此进行多方面分析研究还是刚刚开始，有待于文物鉴赏家、文艺评论家、国画家、收藏家及其他热心人士，共同努力考证、解释，更进一步接受这一份珍贵之文化艺术遗产。"

一幅九百年来的伟大作品，辗转流传至今，终于在社会主义的新中国，被邓拓同志抢救保存下来了，这确实是一大幸事，是了不起的巨大贡献。

无私的奉献

邓拓同志长期从事党的理论宣传和新闻工作，他同时又是有名的历史学家、诗人、书法家，他的知识是多方面的。他对我国历代文物书画，不但是鉴赏家，也是热心的收藏家。以绘画为例，他的兴趣是从什么时候开始的呢？据他自己说，他在年轻的时候，因为研究中国

历史，接触到许多美术方面的史料，那时，他对我国历代绘画已经积累了一定的知识。中华人民共和国成立以后，他曾因工作劳累过度，患有严重的偏头疼，每当病情恶性发作，读书都有困难。他又不甘心白白把时间浪费掉，于是把欣赏和研究我国历代绘画来代替读书，哪知越钻越深，兴趣越来越浓。

邓拓同志曾经风趣地说："从事画的研究，好处很多，一能丰富知识，二能开拓眼界，三能振奋精神，四能治疗偏头疼。"他说："中国历代的绘画，艺术水平是很高的，但如果只从艺术角度去看，还远远不够。对于研究历史的人来说，绘画本身就是活的历史教科书。因为画面反映的，是当时当代不同阶层人物活生生的写照，是社会状况的缩影。当然，也体现画家本人的精神境界和艺术风格。由画面再及于所用绢丝、纸张、墨质、颜料，还可以观察出生产力的发展和工艺水平，真是一'研'多得啊！"

邓拓同志为便于进行画的研究逐步开始个人藏画。由于经济条件有限，藏画数量不多，但凡具有特色的不同画派的作品，都有所收藏，邓拓同志收藏古画，始终坚持以下原则：

一、凡国家需要的，他绝不收藏；

二、凡属于争论较大的作品，国家文物部门不肯接受的，尽可能加以收集保护；

三、凡个人收藏，都用自己的钱，绝不动用半文公款。

邓拓同志收藏文物古画，用的是自己工资，包括几乎全部稿费。他写作《燕山夜话》，共得稿费二万多元，全部拿来购买文物和古画了。邓拓同志由于搞收藏，个人没有存款，手头经常拮据，有的朋友劝他要给孩子留点钱，他说："孩子将来可以自立。"他还说："我搞个人收藏，并不单单出于个人爱好，也不把它当成财产，到了一定的时期，自然捐赠国家。"

邓拓同志是表里如一，言行一致的。1964年，他将个人所收藏的最好的一批古代绘画共154件，整理得清清楚楚，裱糊得干干净净，开列出目录清单，注明年代作者，无偿地捐赠给中国美术馆。其中宋画5件，元画9件，明画35件，除有经邓拓同志抢救、极其珍贵的苏东坡潇湘竹石图卷外，还有我国古代十大画家之一的徐渭（文长）、朱耷（八大山人）的作品，有明代四大家沈石田、文徵明、唐伯虎、仇十洲的作品。这些捐赠的藏画，有手卷，有册页，有立轴，有中堂，全系名家手笔。有些画是邓拓同志极其喜爱，一向珍如拱璧的。如元代倪云林的鹤林图，黄子久的山水立轴，梅道人的梅林图、墨竹图；明代徐渭的花卉手卷，沈石田的山水图、萱草葵花图卷、万木奇峰图、鸡立轴，文徵明的山水立轴、山水中堂，唐寅的山水立轴，仇十洲的采兰图，陈道复的四季花卉手卷，李长蘅的仿古山水四帧卷，马湘兰的兰花图，陆象山的花鸟中堂；清代石涛的山水册页、山水中堂，罗两峰的墨兰册页、鬼趣图、麻姑图，八大山人的双鹤图、芦雁图、竹石图、鱼图，新罗山人的仕女图、花卉中堂，郑板桥的兰竹图、石虎图，李鱓的公鸡图，黄慎的苏武牧羊图，陈洪绶的人物立轴，周浔的墨龙中堂、进酒图，恽南田的淡色山水，等等。

中华人民共和国成立以来，向国家这样大量捐赠珍贵的个人藏

画，据文物部门反映，是很少见的。而这些画作的收藏，都是邓拓同志用个人劳动所得换来的啊！

邓拓同志曾经藏有一幅公元10世纪五代南唐大画家周文矩所绘的太真上马图，这幅画，也曾被国家有关收藏部门的同志判为伪作。邓拓同志经过仔细研究，从各种历史记载，从周文矩的师承流派，行笔技法，装点设色，绢丝质地，都考证是周文矩的真作。他把自己的考证结论写成文章，连同原画发表在1959年第8期的《中国画》上。只是由于对这一幅画作的看法还有不同之处，邓拓同志才继续把它留在手边，打算再作进一步的探讨。不曾料想，"文化大革命"的突然来临，使他的这个愿望未能实现。

邓拓同志的个人收藏，是为了研究，是为了抢救，是为了经过系统的整理，然后无私地奉献给国家，奉献给人民。何等的高尚！

京西煤窑和"六必居"

邓拓同志对我国历代绘画、书籍的收藏，是花费过很多心血的。但他并不仅仅限于书画的收藏，他对我国历代文物，特别是文献的搜集、整理和研究，也有突出的贡献。

邓拓同志无论是在战火纷飞的战争年代，还是在社会主义和平建设时期，无论是在条件十分困难的革命根据地，还是在政务繁忙的首都北京，他都不遗余力，关心着历史文献的保护、研究和搜集。早在抗日战争和解放战争时期，邓拓同志在晋察冀根据地工作的时候，就非常重视对当地的历史文物、文献和古迹作调查。他曾多次跋山涉水，不辞辛劳地搜集到一批珍贵的历史文物和文献。1949年北京解放，这批文物和文献随大军进城运到北京，后来妥善保存在中国历史博物馆。

中华人民共和国成立后，邓拓同志在人民日报社和北京市委工作期间，一如既往十分关怀历史文物和文献的保护和搜集工作。正如他在《保护文物》这篇文章中所说："多少年来，这里（北京）所有的珍贵文物，不知遭受了帝国主义强盗、汉奸卖国贼、军阀、官僚、奸商等等的多少摧残和破坏。如今剩下的这些，更加值得我们予以保护。"因此，他大声疾呼："希望首都各方面关心祖国文化遗产的人们，都来认真执行国务院的规定，进一步注意保护这些文物吧！"邓拓同志经常向干部、群众进行保护历史文物文献的宣传教育工作，并且以身作则，为我们树立了榜样。

邓拓同志对北京地区的重要历史文物文献可说是了如指掌，许多遗址都留下了他的足迹。他抢救历史文物文献的动人事迹，还历历在目。邓拓同志在繁忙的工作之余，曾多次亲自去京西门头沟矿区，发掘出明清时期有关京西煤窑业的大批文书契约。同样，他对北京前门外一家老酱园铺"六必居"和崇文门外一家老国药店"万全堂"的采访，获得了有关这两家铺店的大批历史资料。

在这里，我们想着重谈谈邓拓同志对京西煤窑和"六必居"文献资料的发掘、搜集和整理。

　　先说京西煤窑。邓拓同志在研究历史方面，是着重研究明、清史的。他认为我国从明朝万历年间到清朝乾隆年间，是资本主义因素的萌芽时期。过去，研究中国资本主义萌芽的问题，有些人只是依据某些史书的片段记载，就做出论断。例如，有的人仅仅依据徐一夔的《始丰稿》中的《织工对》一节，就得出了中国资本主义萌芽始于元朝至正年间的结论。邓拓同志以为，这种"离开了对一个时代的社会经济发展大量的材料的研究，孤立地观察某一个别的现象，是不会得出正确的结论的"。邓拓同志研究历史，从来尊重史实。他格外注重于活的史料的搜集、整理和研究。为了研究中国资本主义萌芽的时期，他曾亲自到京西门头沟矿区，做了实地的采访。

　　邓拓同志在门头沟发现了明、清两代资本主义萌芽时期的一百座民窑的遗迹，并收集了它们的大批契约文书，其中截至乾隆末年为止的共有137张，另有民窑文约登记本和账单各一，民窑业主的家谱一册，民窑手执的诉状两张和一个抄本，窑图两张。他还访问了许多老窑主。邓拓同志依据这些活的材料，又与史籍的记载加以对照，判定门头沟民窑兴起于明朝万历年间，到清朝的乾隆年间大盛起来。他综合研究了京西民窑的这批文书契约，分析出明、清两代私人开采的民窑是一种分股合伙的形式，而且一开始就采取了雇佣劳动，进行着商品生产，并逐渐形成了新兴工商业小市镇；信用制度，如汇兑和支票手续也日渐流行。邓拓同志把他研究的结果写成《从万历到乾隆——关于中国资本主义萌芽时期的一个论证》一文，发表在《历史研究》上。

　　邓拓同志对"六必居"文献资料的收集和整理，事例也是很动人的。"六必居"是开设在前门外粮食店街的一家酱园，它所生产的酱菜，是北京的名产之一，尤以黑菜包瓜、八宝菜驰名中外。曾有竹枝词一首形容"六必居"的酱菜："黑菜包瓜名不虚，七珍八宝样多余，都人争说前门外，四百年来六必居。"邓拓同志为什么这样重视"六必居"呢？因为"六必居"的开设和发展过程，同京西煤窑一样，对于明清时期北京地区工商业发展史的研究，特别是中国资本主义萌芽问题的探索，有着重要的意义。邓拓同志亲自采访过"六必居"的老伙友贺永昌老先生，并且从他那里搜集到"六必居"的旧房契九张，银账一本、众支使银账一本、财东赵宅支银账一本、取房租账一本、收买六珍号银账一本、收买源升号家伙账一本、房租摺两本，另有临汾会馆碑文墨拓五张。邓拓同志对这些资料做了认真的分析研究，并着手写《"六必居"的材料证明了什么？》一文。他在文章的开头，首先对"六必居"是公认的明朝嘉靖年开的买卖提出了疑问。他认为仅以相传为严嵩所写的"六必居"三字的匾额，就断定"六必居"开设的年代，并不足以为凭。因为这个匾额上既没有年代，也没有署名，并且几经修饰，早已失去原先的笔意。他在列举了他所搜集到的资料清单以后说道："这些材料最早的是康熙十九年的，再没有更早的了。很可能在明末清初变乱之中，最早的材料失落或毁坏了，或者是打别的原因也未可知。"邓拓同志在文中，由最早的一张房契开始，一直抄录到"六必居"根账部分。可惜的是由于其他工作的耽搁，这篇文章他并没有写完，现在只剩下了他的未完成的

手稿的前半部分。从他留下的这份不完全的遗稿，我们可以看出，邓拓同志是多么重视历史文献的探索和收集，他的治学态度是多么的严谨。

邓拓同志还谈到过挖掘埋藏在北京西城某中学操场下面的一批清代工商业碑石的计划。这个计划由于"文化大革命"未能实现。为了抢救和保护这批重要的历史文物，也为了实现邓拓同志的遗愿，我们建议北京市文物主管部门，应将这批至今仍埋在地下的碑石尽早发掘出来，让它直接为科研工作、为社会主义文化建设服务。

太平天国"田凭"及其他

邓拓同志胸怀北京，放眼全国。他不但非常重视北京地区的历史文献的保护与搜集，而且还十分关心各地历史文献的保护工作。例如他在《保护文物》一文中说："我们伟大的祖国，具有悠久的历史和无限丰富的文化艺术遗产。现在几乎每一城市和乡村，都可以遇见许多具有重要历史意义的文物古迹。对于各种文物古迹，我们的人民政府一贯都很重视，并且积极地加以保护。"邓拓同志不仅这样说，而且身体力行。他曾通过多种途径，如各地文物部门，或人民日报社驻各地记者站，发掘出许多重要历史文献。在这些文献中，有明清时期关于四川自贡井盐业、云南个旧铜矿业、广东商团事件和太平天国的重要实物资料等。

　　特别值得一提的是，至今尚未发表过的关于太平天国的实物四件：两件"田凭"，即1862年听王陈炳文发给浙江石门县花户高廷绣和福宿的"田凭"；一件是同年忠孝朝将邓光明发给子民金坤书的"完银串票"；另一件是1863年归王邓光明发给花户六延昶的"预知由单"。

　　据有关同志考证，邓拓同志发掘和收集的这四件文献，是研究19世纪60年代太平天国农民战争的重要史料。例如，太平天国的"田凭"保存至今的为数甚少，据现已发现和发表在《太平天国革命文物图录》及其续编、补编所载者，加在一起总共也不过只有四件，再加一件"荡凭"也只有五件，现在却又增加了两件。这两件"田凭"不仅充实了太平天国"田凭"的数量，而且比原来发现的四件"田凭"，在某种意义上提出了一个新的问题，即田亩的数字比较小。原发现的"田凭"，田亩数字最高者为十八亩，最低者为四亩四分八厘。而新发现的这两件"田凭"，田亩数一为二亩五分，一为一亩三分。这说明它们代表的是太平天国的另一种类型的"田凭"。原来发现的"田凭"是发给地主的；现在发现的"田凭"则是发给农民的，是"祖田自产"的那一类型的。邓拓同志所搜集到的这两份"田凭"，提供了不容置疑的太平天国的第一手材料，确证了太平天国的"田凭"的颁发是各式各样、五花八门的，它既发给了地主，也发给了农民。

　　邓拓同志对待他所发现和搜集到的历史文献，也和对待他的藏画一样，从来不把它们独自占有。记得他在四川时曾看见了一份原

存巴县档案馆的"清政府杀石达开告示"一件，他认为这是一份极有价值的历史文献，特意借来北京，在他主持筹备中国历史博物馆的"中国通史"展览的时候，由中国历史博物馆陈列展出。另如，中国历史博物馆收藏的河北易县战国燕下都遗址出土文物和山西阳高古城村汉墓出土文物，也都是邓拓同志亲自搜集的。其他如明清时期的土地买卖、租赁契约，车厂揽运货物合同和宋代女词人李清照画像，以及京西门头沟煤窑业的文书契约等等重要历史文物，邓拓同志都慨然捐献出来，充实、丰富了历史博物馆的陈列内容。再如，1963年，当邓拓同志得知历史研究所正在从事《中国甲骨文合集》的编辑工作时，便毫无保留地将自己收藏多年的一批珍贵的甲骨片提供给历史所利用，还热情地接待了负责这项工作的胡厚宣同志。邓拓同志这种大公无私的高尚品德和平易近人的优良作风，永远值得我们学习。

第四辑

无限哀思：嗟予一读一泫然

滹沱河畔定心盟

——忆念邓拓同志

丁一岚

我是1938年底从延安到达晋察冀边区的。抗日战争和解放战争期间，除了抗战胜利后到张家口工作一年以外，将近十年的时间都是战斗、生活在滹沱河畔。

1942年以前，我在河北省平山县做妇女工作，同时兼作《晋察冀报》的通讯员，偶尔写点有关妇女工作的短讯。1941年2月，平山县东熟泥沟村一个年轻的妇女抗日积极分子陈珠妮被恶毒的公公、丈夫残酷地杀害了。爱国抗日的积极分子是民族的精英，保护他们是时代的责任。出于妇女工作者的责任感，珠妮的惨死激起我胸中的怒火。经过实地了解后，平时只写消息、短讯的我，居然提笔而不可收，一气写出一篇近3000字的报道，标题是《血的控诉》。由于这件事着实震动了我的心，稿件里也自然充满了感情和义愤。平山县人民政府经过调查和审讯，四个月后惩处了犯了杀人罪的珠妮的公公和丈夫。为了保障人民的抗日权利，特别是保障妇女群众参加抗日活动的权利，《晋察冀日报》在6月24日第三版上，以较大的篇幅发表了有关的消息和我写的通讯。

当时担任《晋察冀日报》总编辑的邓拓同志审阅了我的稿件，此后鼓励我继续写作，经过将近一年的信件往来，1941年底，我们初晤于平山县的瓦口川。我们踏着月光，漫步长堤上，彼此倾吐着理想、抱负。后来邓拓写诗记述了当时的情景："月映长空流灼约，襟飘微影步矜持。十年以后重回首，瓦口川边夜别时。"

第二年春天，当我们漫步在滹沱河畔时，漫天风沙代替了清风明月，因为我们习惯了战斗生活，站在那漫天的风沙里，倒增添了几分豪情，我们终于约定终生共同生活邓拓以《心盟》为题，以诗记情：

> 滹沱河畔定心盟，卷地风沙四野鸣。
>
> 如此年时如此地，人间长此寄深情。

当年三八节，我俩在平山县滚龙沟二庄结婚。从那时起，到1966年，我们共同度过了24个春秋。

24年共同生活中，有许多事情值得回忆，但给我印象最深的还是在激烈的战争中同生死、共患难的经历。战争是人类的不幸，但战争也锻炼造就了人。

　　邓拓本是城市里生长的知识分子，1937年秋到晋察冀敌后战场以后，经过几年战争的磨炼，也学会了一手拿笔，一手拿枪，在敌后战争环境里坚持办报。邓拓有着知识分子的风度、气质，但他不是迂腐的书生。他能文能武，不仅领导办报，反"扫荡"中还能带着报社的队伍在敌人层层包围中机智地战斗转移。他组织人对敌情调查，选择转移路线，布置疏散病员老弱。在行军间隙，他要审改稿件，要动手写评论，要考虑版面安排，要关心印报和送出报纸。

　　在战争年代，也只有在战争年代，文和武才同时锤炼一个人。为了出报要学会打仗，学会和敌人周旋。邓拓就是这样，领导报社的队伍，在游击战中坚持办报的。

　　1942年秋，我被调到报社，在平山县陈家院工作。1943年秋天的反"扫荡"是紧张、艰苦的，敌人"梳篦式的"扫荡不放过每条山沟。开始我们在阜平县马兰村一带活动。邓拓同志在指挥战斗行动中从容不迫，睡眠时间很少，眼睛熬红了，但仍然精神抖擞、英姿潇洒。晚间，躺在山野中透缝的草窝棚里，凝视空中还偷闲写一两首小诗。9月24日那天夜晚，我们在雨中转移，当队伍走进北营村（灵寿县境内）与敌人遭遇，在武装班与敌人交相射击中，邓拓的坐骑被射中，后面的背伕同志中弹牺牲了。伤痛的马在河边向前奔突几步便死去了。邓拓从马上急跳下来，指挥着队伍向村西梯田边山路上转移。当时我已怀孕几个月了，跑了一段路，渐渐落后。老邓发现了，跑到我身旁。我感到体力不支，不愿拖累整个队伍，让他不要管我，敌人追上来时，牺牲也只牺牲我一个人。邓拓同志深情地鼓舞我说："不能这样，坚持下去，跟上队伍！"拉着我跑了一段，又到前边指挥队伍去了。我看着他沉着的身影，为他那无畏的战斗精神所感染，也增添了力量，最后跑上一座险峻的山岭时，一位战友用枪托拉着我，终于奋力登上山头。

第二天拂晓，邓拓在山头上集合了一部分同志，掩埋了牺牲的三位战友，安置了受伤的同志，带着队伍转移到一个高山环绕中的小村，又继续出报了。事后，在回忆这一段战斗生活时，邓拓以《忆变》为题写道：

客秋三月战云速，苦忆北营迁变时。

弹火燃眉随突阵，田梯诀别痛牵衣。

出围结屋依崖渗，怀孕离群入穴危。

最是寇氛纷扰日，相逢举案又齐眉。

战争中生死与共的深情是永远令人难忘的。

回想有一次我和老邓的合作是有趣的。1944年夏至1945年春，我和他一起进晋察冀中央局党校学习。开始是学习整顿三风的文件，后来忽然转入审查干部，搞"抢救运动"。康生在延安说河南的党组织是"假党""红旗党"，在河南工作过的同志都要受审查，老邓当然也是审查对象之一，我和他分别在两个队，接触时间不多。老邓的组织观念、政治修养是很强的，他曾向我简单地谈到组织上对他历史的审查，但从没有说抱怨的话。

1945年党号召学习郭沫若同志的《甲申三百年祭》，为全国胜利、解放城市做思想准备。党校决定编一个剧本演出，以便更生动、形象地进行教育。老邓在压抑的受审查的情况下毅然接受编剧本的任务。

剧中有李自成、李炎、牛金星等许多角色，还有武艺精强、多情好义的女英雄红娘子。编剧小组竟然指派我演红娘子。天哪，我从来没有演过戏。少年在天津上学时，常听别人唱京剧，我有时也跟着哼哼几声，但一段也不会唱。可是邓拓帮助编剧小组动员我："唱吧，这是宣传教育工作，我也没写过京剧本，现在工作需要就写嘛！"在老邓和许多同志的促愿鼓励下，我大着胆子练唱起来。记得在演出中间我感冒了，发高烧，老邓来看我，照顾我吃药，在黑黑的窑洞前的山路上扶我下山，在校医务室打了退烧针，他鼓励我沉着气把戏演好，我又上台演出了。回想当时情况也很好笑，戏装不多，红娘子全身要穿红衣服，我当然没有，和村里的姑娘们借。拆了红被面披在身上当斗篷。我拿着马鞭在戏台上跑着转圈赶路，后而跟着公子李炎。当时我感冒，嗓子哑了，唱不出声，后台还有个帮腔的。就这样热热闹闹的演出，台下观众有党校同学、附近村庄的机关干部和老乡，邓拓也在其中，还不断鼓掌喝彩助兴。这是很有趣的一段生活，老邓编戏我演出。

24年中，我和邓拓在一起工作的时间只有三年。其余绝大多数时间，不仅分别在两个单位工作，甚至过着两地分居的生活。邓拓尊重我对工作的选择，从不强加于我。1945年，抗日战争胜利了，张家口地区的广播电台需要干部，我喜爱广播工作，邓拓支持我离开报社到广播电台工作。从那时开始，我和广播电台结下了不解之缘。说来也好笑，进北京以后，我们为了保证日夜工作，还保持着当年各住在自己机关的习惯。他住在北京东城人民日报社宿舍，我住西城广播电台宿舍，就这样一直到1954年。虽然他身体不好，需要人照顾，但他从来没有要求我经常在他身边，他两次重病我都没有亲自照料过他，他从来没有一点埋怨。

在工作中我常常得到他的支持。记得在张家口新华广播电台工作时，我们播音科每天早晨负责报纸选播节目，老邓在晋察冀日报社，每天早晨报纸社论和重要新闻排出后，他让人打出小样，改好送到电台，保证我们及时播出。20世纪50年代，我在北京市广播电台工作时，有时也请这位《人民日报》的总编辑到电台做广播时事讲话，我则以电台主人的身份接待他。我在翻阅书刊中遇到生僻词语向他请教时，他总是不厌其烦地进行讲解，查了有关辞书还不算，常常还要找到原出处才行。很多朋友赞赏邓拓同志的渊博知识，赞赏他多方面的才华，而和他一起生活的我，由于终日忙忙碌碌，却没有注意多向他学习，未能汲取他的点滴知识来弥补自己的不足。每念及此，便感到深深的遗憾。

1966年，在那乌云翻滚的时刻，邓拓忍痛离开了他热爱的革命事业、亲人和战友。在火葬场，在他冰冷的遗体旁，我献上了一束鲜花，其中有我从家里庭院中采摘的他喜欢的紫罗兰，只有它最后在他身旁默默地散发着馨香。火葬场没有多少人送葬，除了我，只有

他的年迈的哥哥和姐姐，他们抽泣着，脑子里反复地问着"这是为什么"？

记得我们结婚六周年的时候，邓拓曾写下诗句："六年血火情深处，山海风波定白头。"谁能想到他竟是这样地离开了我。

事隔十三年后，1979年，党中央为邓拓冤案平了反，洗刷了诬蔑不实之词。追悼会上我拟写了十六个字的挽联："山海风波，心盟永忆。万家恨雪，云际长明。"

最后简单说一下，邓拓曾用笔名邓云特，他给我写信常常署名"大云"。他的冤案得到平反后，我有时想，在高高的蓝天上飘浮着大朵的白云，云霞后面闪耀着的光环中也有他的一束光啊！

（选自《平山县文史资料》第3辑《抗日烽火燃平山》，

中国人民政治协商会议河北省平山县委员会

文史资料编辑委员会编，1987年12月）

往事忆当年

——怀念邓拓同志

王　炜

　　已经是深夜了，我还对着邓拓同志追悼会的消息呆呆地出神，不知道是愤慨、悲痛，还是怀念，一幕幕的往事却涌上心头。多年不拿笔了，现在却禁不住要写下这篇短文来。

　　1939年冬天，老段同志跛着冻伤的脚，沿着一条山坡上的斜小路，一拐一拐地把我从阜平营儿里招待所，送到三里外鲜姜台村的晋察冀通讯社去。我被分配到这里当记者了。到后还没有三天，冬季反扫荡就开始了。机关要疏散转移，我和陈肇同志被派往狼牙山下的一分区去采访。可是道路已经不通了，得绕道涞源才能到易县。当时我从晋西北刚到晋察冀边区才半个月，陈肇同志也没有去过一分区，社长刘平同志怕我们不识路，临行嘱咐我们，向北走十多里路，就是晋

察冀日报社的驻地，要我们找找邓拓同志，他会告诉我们道路的。当时我心里不免有些奇怪，确切地说，有点不太相信，怎么一个报社的社长，会管我们问路这些小事。

出发这天下午，正是一山风雪。我们在那个山庄上，很容易地找到了邓拓同志。他披着从敌寇那里缴获的黄呢军大衣，竟然那样热情地接见了这两个陌生的青年，指着墙上的地图，不厌其详地告诉我们：顺着山沟往北走，大约二十里地，就是炭灰铺。过了炭灰铺往北走，就是一座大山，名叫望天岭。翻过望天岭，就是涞源地界了。沿着山脚往东走，有十几里路，就是桑树涧。……他是社长，不但没有一点架子，而且竟如此热情！我们离开报社以后，虽然是满山风雪在呼啸飞扬，但我的耳朵里却仿佛只响着他的话声，脑海里只浮映着他唯恐我们听不明白而格外关切的目光。

1941年春天，我从一分区的抗战报社调到晋察冀日报社工作。从此，我一直在邓拓同志领导下工作了四年之久。当我值班时，我把编辑好的地方新闻稿送给他；他有时留我在他那里等一下，立即接过稿子来看，他一篇篇地看，有时为了把一个标题标得更好一些，他会反复地考虑很久。他这种认真负责的态度，给我很大的影响。1944年初春，刘仁、林铁同志派我去平北地区主办《挺进报》。我不仅亲自写稿子、改稿子，而且总得把文书同志再三校对过的石印的药纸，再亲自校对一遍才放心。我之所以这样做的原因，就是直接受到邓拓同志身教的缘故。

报社驻在平山滚龙沟时，我在工作之余，偶尔写了一个短篇小说，——这也是我平生第一次的尝试。写完后，我就送给邓拓同志指正。第二天，他就叫人给我送来一个满腔热情的条子，说是希望这篇东西能够早日和读者见面。当时纸张很困难，《晋察冀日报》也仅仅是一张四开大的报纸，光是登新闻还不够用，更谈不上登小说了。但是，正是在邓拓同志的关怀下，居然刊载了我这篇很幼稚的东西。后来在平山陈家园时，在一个月白风清的夜晚，他和我在村北乘凉，他还非常热情地给我讲了当时开始流传的白毛女故事，希望我能把她写一写。虽然我因为忙于编辑工作，没有能够去收集这一传说，但他鼓励培养青年人的热情，却永远使我不能忘怀。

　　1943年秋季反"扫荡"战开始后，报社拉上了阜平和灵寿搭界的曼山上。曼山又高又荒凉，没有村落、人家，只有刚刚收割了的谷草垛子，还散放在山坡上。邓拓同志亲自动手，硬是用半天时间，搭了一个非常好的窝铺。然后和张致祥、娄凝先等一些同志坐下畅谈起来。他既没有因为这艰苦的环境而有丝毫的愁容，更没有因为眼下严酷的反"扫荡"局面而窘迫。他这种豪迈从容的神采，无形中感染了同志们；大家感到他是如此可以信赖，也就镇定自若了。

　　当天半夜里，派到山南灵寿那边侦察的同志回来了，说山下那个村庄里没有敌人。邓拓同志当即决定下山向南走。山高夜黑，无路可找，当时大家就顺着一条流水的山沟往下走。谁知，敌人的一个运输队，白天被我八路军第五团狠狠地揍了一顿，半夜跑到这个村庄狼狈地睡下了。当我们大队人马走到村东头时，敌人的哨兵才发觉开枪。这次，不幸牺牲了几位同志，邓拓同志骑的骡子也被打倒了。我们又

都顺着来路返回曼山上。第二天上午，我在曼山东边的一个山头上，找着了邓拓同志。他正和李长彬、老何、丁一岚等几个同志坐在山头的一块大石下。当时人们仅有随身带的两三条破枪，可是，邓拓同志却望着山下打枪放火的敌人豪迈地说："要是敌人从这里上来，我们就打！"他既没有为昨天晚上的突然遭遇而忧伤，更没有为眼前敌人"铁壁合围"的凶焰而丝毫气馁。

中华人民共和国成立以后，我曾经在内蒙古工作很久。1964年秋天，他和刘仁等同志一起，去呼和浩特参加华北局在那里召开的一个会议。我常常陪同一些青年作家去看他，他无不一一热情接待，而且还应同志们的请求，给许多人分别写了诗词。他要抽工夫到我家看看，我见他特别忙，怕耽误他的工夫，就婉言谢绝了。他却拿起笔来，给我写了一首《忆江南》。这首词，几经沧桑，已经不知道弄到哪里去了。但是，这首词至今仍然一字不差地记在我的心上：

相逢喜，往事忆当年：投笔从征趋敌后，边疆跃马冒烽烟，革命着先鞭。

谁知这次见面，竟成永诀！接连传来的竟然是一些令人难以置信的不幸消息……

在雨过天晴之后，邓拓同志不仅沉冤已雪，而且他在革命长途中跋涉的脚印，却也愈加鲜明了。

悼念亡友邓拓

李拓之

未忍经过第一山，柴门叩处只常关。

坡头竹影摇千个，窗外蟾光照一弯。

老父摊书春启瓮，女婴举火晓捧盘。

巢蜂梁燕依稀是，季子何因去不还？

凤池共砚记髫年，惜别丘园几度迁。

慷慨重逢燕市酒，蹉跎相隔鹭洲烟。

心声剩有忧先句，手译残藏劫后笺。

国正需材人已往，嗟予一读一泫然！

　　这是我写的哭邓拓八首之二。现在为了不多占篇幅，下面尽量简括地叙述一些往事，以表悼念亡友之心意。

247

邓拓故居在福州市内第一山。福州原是一冈陵起伏的地方，后来人们盖起房屋，将这些较低的冈陵围了去。所以，俗谚有"三山藏，三山现"之语，第一山即属于"藏"者。他的家，入门的左边是客厅，厅的左右是前后厢房，后面另有卧室和厨房。中间是天井，而右边是小山坡，坡上树木成丛，绿竹尤多。每当傍晚，同学们在客厅或天井里高谈阔论，也常在坡头随意闲步。有时甚至即在他家里过夜，几个人横床而卧，放怀说笑。这样，连树丛里翔舞的蜂儿和屋梁间呢喃的燕子，和我们都十分熟悉了。

邓拓的父亲名仪中，字鸥予，是一个渊博的学者，历充中学教师，为人淳朴，而严正不阿。生有四子一女：长伯愈，次仲超，三叔群，四季立（即邓拓），女淑彬，是其姊。当我最初到第一山老屋时，见到鸥如先生已50多岁了，他的言语精辟，风貌和蔼。谈起来，才知道他是我父亲的朋友，我和邓拓彼此系世交，友谊从而更加亲切。不必说，鸥如先生对于邓拓的影响很大。因为他治学谨严而思想开明，家中藏书以子部和诗集为多，并包括晚清和五四运动前后的书刊，以及十月革命后所传播的启蒙期的马列主义著作，如：史的一元论、从空想到科学的社会主义、共产党宣言等等，邓拓的书室即在左厢房，异常幽静。在初中二、三年级起至高中全阶段，他除了一度和傅衣凌同坐乌山图书馆外，便是在家里饱读藏书。那时，我和他谈话时，他口里透露出来许多术语，在我听来是十分新鲜的。他对丁文江和张君劢的"科学与人生观"的争辩，神州国光社出版的读书杂志上的"中国社会史论战"，很感兴趣。这导致他日后不断从事于哲学和社会史的深入研讨。

　　这时的邓拓也浏览不少古典诗歌和新文艺作品。他说：这是用以调节读了过多硬性的理论文字的脑筋。他读创造社的作品似多过鲁迅的。有一次，我见他独卧床上在吟哦什么，细听时原来是哼着柳永的"雨霖铃"。一般老头子读"词"的方式总要用手拍着节奏的，但他没有，却哼的别成规格。他常和几个同学在晚上做"诗钟"（即折枝吟，原系诗钟之一种）。可能，邓拓写古典诗歌的自学自证，是得力于诗钟。折枝吟，乃属对的十四字，许多人的律诗诀窍是从这里做开去的。

　　在1927—1928年，我和几位朋友在福州成立一个文艺社叫"野火"。参加者有：黄贤俊、陈尔康、叶水意等。其时认为邓拓是擅长并致力于写理论的大块文章的，所以，没有请他参加。后来才晓得邓拓和傅衣凌等几个朋友，恰于这时也成立一个文艺社叫"野草"。他们作品不在报刊发表，只用油印出了一期，其中有邓拓的文字。

　　在高中时，邓拓曾获得全校学生演讲竞赛第二名。福建学院举行院庆，他写了一个剧本《公理的宣告》，为该院的学生排演过。他已逐步成长。他的文章写得多了，其中有名的如批判叶青、张东荪的哲学思想（发表在《新中华》杂志），翻译国际问题的论文（发表在时事类编月刊）等。另外，有一篇评述张际亮的文章，寄往某刊，未登出。这些都算是他在20岁左右的笔墨。署名是邓君特或邓云特。

　　1929年，邓拓高中毕业，赴上海考入光华大学，嗣转入法政学院。记得是1931年秋末，我先后在福州主编《南华日报》的文艺副刊

"前夜"，又朝报的文艺副刊"明日"。邓拓于1930年自上海回闽，这时，他写了一篇散文《紫金山下》，署名晓晶。我便将它登在"明日"上。它的内容大概是说：南京的紫金山下有一具尸体，已残破成为骷髅了。但脖子里有三条筋，将头颅和脊梁骨连起来。有一大群人穿着礼服向它顶礼膜拜。忽而一道红光，这班顶礼膜拜的人群都一扫而不见了，只是这具骷髅还直挺？在那里……此文登出后约一周，我到报馆去看稿，路边抢出便衣的侦缉队员，将我逮捕，投入警察局内原陆军监狱。审讯时要我"说出这篇文字的作者是谁，便可将我释出，否则，要将我抵罪。"我问："抵什么罪？"上面登时咆哮起来，说："这个骷髅分明指的孙总理，顶礼的人群就是国民政府的首长们，红光就是共产党……"因为我始终说："这是外间投稿，不晓得作者姓名。"审问者便挥手将我押下狱室，牢卒过来，把我两脚钉上大铁镣。一边钉，一边说："你知道，这个镣，要等你死后才敲脱呢！"后来，这事情是由家里人去告诉我父亲的朋友黄展云（当时福建省政府委员，曾充教育厅厅长），黄去见省主席方声涛，要求立即释放。方下了手谕，但侦缉队故意拖延，我在狱中约三个月才出来。当我见到邓拓时，他要和我一起去上海读书。我没有去，而福州的亲友认为我是坐过牢的危险分子，抱着敬而远之的态度。于是，我避地厦门，在舅舅的居处住下来。在厦门，我只交到一个高健尼（即高云览，《小城春秋》的作者）。1933年春天，我到上海，在浦东中学教书。这时，我才听说：邓拓于1932年在上海被捕，前后跳出火车两次逃脱，最后捕获，送往南京，不久转送苏州坐监。

1933年初，鸥如先生到了苏州，托朋友做保人，邓拓被营救出狱，即回福州。恰好这一年的秋间，福建成立了人民政府，邓拓参加这次闽变，在文化委员会工作，改名邓拓洲。既而闽变失败，他匿迹家居。1934年春末，我自上海汇款给他，问他可否来上海暂住一时。记得是夏秋之间，他来到上海六里桥浦东中学，住在我的宿舍中。白天我去上课，晚上两人对床而眠，夜谈至于深更。为了怕触痛他的内心，我不敢详细问他关于被捕、受审、坐监等详情。倒是他自己偶尔谈了一点，其中至今有印象的，一是提及杨匏安烈士的《临刑别狱友》的题壁诗（记不清是他看见此诗题在壁上，还是别人告诉他）：

慷慨登车去，何曾怨逝川？
求仁身可毁，殉道志弥坚。
知止穷张俭，迟行笑子渊。
从兹分手别，对视莫潸然！

二是提及同时坐牢的瞿云白（瞿秋白之弟）。他说：这个人喜欢开玩笑，不管在什么时候，总是十分顽皮。他嘲笑邓拓的容貌，说："眼睛、眉毛、鼻子和耳朵，好像不是生长出来的，而是临时随便糊贴上去的。只有一个嘴巴，算是真正生成的东西。"说到这里，瞿云白便大笑了起来。当邓拓追忆起这事时，将眼皮眍成一线，嘴唇翘起，两齿微露，笑眯眯地问我："你看瞿云白讲的对不对？我的脸孔到底是不是真的这样？"这时我不由也大笑了起来，笑声冲破深夜的

沉寂。

　　三是他说自己受过刑讯。说时将两只裤管拉起，露出膝盖以下的胫部的肉给我看：两胫各有铜钱那么大的黑瘢三四个。那是刽子手们将烧红的火钳在胫部烫灸的结果，其时立即发出吱吱的声响，冒起烟来，闻着一股枯焦的味道。这是国民党的牛首阿旁给他终身不磨的酷刑的烙印！

　　四是邓拓说到在苏州坐牢时作的狱中诗。本来，他写的诗句，有时很草率。但这几首是不止一次在深夜里反复推敲的吧，却见工整，而且感情真实。我一直将它背诵、抄存（"文革"中诗稿毁损不少），幸而至今是记得的，诗是五言四律：

　　　　　土室发悲歌，深宵风雨和。

　　　　　壮怀殊未已，诗兴尚能多！

　　　　　血迹殷半壁，雷声动一阿。

　　　　　两间方闭气，谁为破天罗？

　　　　　狴犴梦苏州，今愁叠古愁。

　　　　　悬门张怒目，铸剑取仇头。

　　　　　欹枕秋声战，窥窗曙色浮。

　　　　　五湖波万顷，肯上范蠡舟！

大地沉沉寂，人间莽莽迷。

薄眠刍作垫，恶食粥如泥。

窸窣风翻转，琅珰月向低。

惊心危坐处，天外叫荒鸡。

囚奴期破晓，狱卒守残更。

碧海终填尽，黄河必涤清。

今朝穷插棘，来日矢披荆！

万众摧枯朽，神州定铲平！

　　另外，他和我对床夜话时，也谈到其他的旧闻陈迹。其间曾说到1929年在上海考大学的情况。那时三哥叔群在南京科学院任职，三哥是清华毕业，官费留美，得昆虫学博士学位，他大半生坐实验室，科学家的气派十足。邓拓为了探望他，便于考前到南京去。当见面时，二话没说，三哥就对他讲："你来的正好，告诉你，要去投考清华，考上时一切费用由我承担。好好用功，将来再考取官费留美……"邓拓对三哥一向是尊敬的，便连口答应"是"。隔两天回上海，报考清华。不想一群来上海应试的福建同学，到了这个"人间天堂"的"不夜城"，简直如跳蚤上了软棉絮，钱多的去跳舞厅，钱少的上电影院。邓拓被他们拉去看电影，看得头昏脑涨，深夜才回到住处。第二天起得迟了，赶到清华招生的考场时，第一节已考过了！勉强匆匆地交了卷，这哪里考得上呢，自然是"名落孙山"。幸好上海的大学学

店很多，报考还来得及，于是，考上了光华大学。他即日赶去南京找三哥。在报纸的清华录取名单上没有了四弟的名字，三哥正在不好受，听了他的报告，两个兄弟便吵了起来。邓拓说：当时他不得不向三哥开了火。他问三哥："你以为清华和留美，便能挽救国家的命运吗？在这班国民党的腐败官僚掌握之下，所有的科学和文化的贡献、设施，都是空话！"三哥被诘问得瞠目结舌，满脸紫涨，终于站起，用拳头捶着桌子，大声道："好，好！你等着瞧吧，总有一天我放出毒虫来，叫南京城的这些混账王八蛋全部死光！……"

1934年的秋天，邓拓接到大哥伯愈自开封来信，要他到河南去，说那边有大嫂管家，可以照顾生活，河南大学也可以进去攻读，比流浪在上海强得多。他决定去开封，我和他合影留念，并脱下身上西装给他穿。临行前一夜，两个人到上海的宁波菜馆用饭，算是饯别。记得邓拓和我各即席作了一首五律，他先成，我和韵。原句如下：

分袂申江次。离杯怅共倾。

知交贫里见，危局乱中明。

星火迎前路，风波勉此生。

相期他日会，万里怒涛声。（邓）

羁旅此为别，衷情一夕倾。

长途原坦坦，征路已明明。

客里休怀旧，人丛莫怕生！

漫天风雨恶，好趁迅雷声。（李）

这时我们不知怎的，多半把种种感受，表白在诗歌上。到开封以后，我们之间的唱和，更加频繁。今天看来，这未免旧日的书生气太足了。这些诗稿，我一直保存到"文革"被毁去时为止。很多都忘记了，只有一首是他初到开封，寄来上海给我的。口气空阔，格调高远，虽则并不照规矩押韵。原诗没有题目，是这样的：

天末惊飙起，中州客梦寒！
心潮奔日夜，剑魄隐风湍。
大野云龙啸，高空白鹤盘。
何时追逝景？奋翅越重山！

他在开封，不久进了河南大学。这时写了好几篇长文，是关于中国经济史（社会史）的，发表在中山文化教育馆的季刊上。因为它所论述的多是核心问题，如中国封建经济何以长期停滞等。这些问题为前人所未提到，或提到而无法解答的。他应用新的史观于旧的材料，予以详细分析。上海及各地的刊物均一一转载，引起学术界的重视。季刊的编者陈洪进，对他表示钦慕，却不知道这些文章的作者原来是一个22岁上下的青年。

1936年的夏天，我已转到上海泉漳中学执教。大哥伯愈忽然远道从开封来看我，手里拿着一个大提袋。他说：邓拓因参加救亡运动，

被捕下狱。原和商务印书馆订约的中国救荒史已经写好交去，并且排了样寄来了。邓拓嘱咐大哥将原稿和印样带往上海，请我代为校对一遍。他边说边打开提袋，将一大叠一大叠的稿件取出来。我说："这要一个清静的地方住下才好，学校里很嘈杂。"大哥立即回答："这没关系，我们去开旅馆。"于是，在法租界一家公寓里，展开了校对的工作。这一堆堆的底稿是抄手誊写过来的，不是邓拓的初稿，所以，文字错误的不少。足足花了两周的时间，这才详细校阅完竣。在这里，要提到邓拓是怎样写出这部救荒史的？据大哥说：因各种情况的阻滞，当接到限期交稿的通知时，只剩下三个月的时间。如何完成这迫促的任务，家里人代他着急。但邓拓却十分从容，他以20日搜寻资料，用纸条做了标志，夹入书内，然后拟出一个大纲，动手写起来。写时共有四个抄手，两个赶抄资料，两个誊清手稿。家里无法供应这么多的纸张，所以，手稿这一部分是不管什么种类的纸，都拿来用。他落笔如疾风骤雨。用左手拉过已写的纸张，纷纷堆落地上，两个抄手赶不上他一人的速度，到后来率性三个、四个的抄手全都参加誊写。他早上只喝一杯牛奶，午餐和晚餐吃的饭和面，夜里吃些饼干，稍事休息，即又动笔，既不吸烟也不吃糖果，夜以继日地写下去。一直到他写成的时候，还剩下五天的余闲。实际上他著出这部救荒史只有两个月多一点的时间。

校对以后，我对大哥说："我已看过了，大体无何差错。但这里缺少一项关于历代灾荒记载的大事记，最好能补上一个年表。"1937年夏，这部书终于出版了。果然，书的后面添上一份中国历代灾荒表。这是邓拓出狱后，搞出来加上去的。

1937年7月抗日战争爆发，全国人心震动。我已厌烦上海的生活，觉得好多人是在醉生梦死，而且，学校暂时停了课。因此，我急于和邓拓会晤。以商定今后的行止、方向。9月中旬我从上海出发，10月初，我到了开封。见过大嫂，她说：邓拓已出狱多时，这几天正由商主席（按即商震）派他出去参加视察前线。——当时国民党在耍这一手：对于政治犯的释放，多半叫他们去前方看看。你们不是说要"救亡"吗？现在正好去履行这个诺言！过了几天，邓拓从前线回来，我们相见，自是欢喜不尽。他说自己是随部队到河北束鹿一带，主要是参加慰劳。现在不会再去了。他放低了声音，说有不三不四的人物在跟踪，生怕释放出来的"罪人"跑到红区去。讲到这里，他很气愤，说总有一天自己越过黄河（封锁线），从那边将手臂伸得长长的，看这班鬼魅对我有什么办法！

夜里，我和他谈话逐渐深入。他说：今后中国将经过一段流离、动乱的时期，真是要"风波勉此生"。他所挂念的是高堂双老。说着，他将前数天在束鹿前方写的一首《故园》给我看，那是七律：

> 利名奔走笑纷纷，哪有英雄入彀中？
>
> 只觉梯航万众苦，欲看坦荡九州同。
>
> 梦里关河闻唳鹤，兵间身世寄飘蓬。
>
> 为语故园双老道：征蹄南北又西东。
>
> （按：此诗第五六句的平仄，是变体。）

不到十天，日寇飞机在开封火车站丢了炸弹。从外县和乡村跑出来逃难的人民，包括妇女和儿童，被炸死了。这消息传来，首先叫大嫂很恐慌，她认为开封不能待下去了，要到西安那边暂住一些时候。大家商量的结果：先到西安再说。于是忙着打扎行李，邓拓把一堆堆的书本分类捡起，装入木箱。那时，我本来决心跟着邓拓走，他到什么地方我也到什么地方，方向是往北，不是回南。但由于上海出发后，长途跋涉，饮食不慎，我患了痢疾。起先还可支持，后来时间久了，腿部酸软。拉的大便不多，一日十来次，揩在纸上是红色的。邓拓见我这样子，说："看来你这病不轻，此去前途不一定有足够的设备，能为你好好治疗。你还是回南方，到上海去医病。病好了，什么时候再出来都可以。……"大嫂也同意这个说法。第二天晚上，我们一伙乘陇海路的火车到了郑州。我要下车了，看望着邓拓、大嫂、侄儿他们一径往西走，我心中万分难过。临别时，邓拓和我两人拥抱着，一直到火车开动，我走出车厢，单身回南。我是搭上长江船直达南京，再坐京沪车到上海。这时，到处是敌机空袭，夜间摸黑走路，一路情景凄清。京沪线已不能直达，打拐由苏嘉路行车。我入上海广慈医院，医生诊断，患的是阿米巴赤痢。住院约两个月才出来，人瘦得不成样子。这以后，我一直不知道邓拓到何处去，杳无音信。在1938年秋，我在武昌县华林，即政治部第三所的办公地点，有一位同乡说：在广州遇见大嫂，她说那夜的火车开到风陵渡附近，人们多睡着了。邓拓过来向大嫂告别，附耳低声说他立即要下车，越过黄河到北方去。大嫂不敢哭出来，怕被跟踪的特务发觉。等到邓拓跳下火车，不到十五分钟，监视的人员就来盘问："人到哪里去了？"大嫂说："我也不知道，我正在找他呢！……"

1979年五一节后二日　于厦大

青年时代的邓拓

傅家麟

邓拓同志离开人世于今已13年了。一想到他，我便不能压住心头对林彪、"四人帮"的愤恨；和对他永远不忘的怀念……

1924年，邓拓和我同在福州市三牧坊福建第一中学初中二年级已组肄业。福州曾是五四运动"闽案"的中心，群众抵制日货十分激烈。接着北洋军阀孙传芳、周荫人相继统治福建，空气极为沉闷、愁惨。在我们学校里，不时有些同学被逮捕或枪毙，笼罩着一片白色恐怖。这对年轻的邓拓，不用说，在他平静的心灵里会唤起种种反响和波澜。

初中毕业后，我暂时离开了学校，邓拓仍由原校升入高中。不久，北伐军进入福州，全市学校有了调整，所有高中都集中在乌石山师范学校，改称福建省立第一高中，我也回校就学。在大革命的洗礼下，由于年轻人的热情洋溢，追求真理，渴望新知，我们便经常在一起学习进步的书报，如《新青年》《新潮》《晨报副刊》等都是那时开始接触的，彼此一样爱好鲁迅、郭沫若等人的作品；但同时读得很杂，自梁启超的《饮冰室文集》、苏曼殊的《断鸿零雁记》到蒋光赤的《短裤党》，也时常讽诵，因而同班同学曾戏称我们为"两个小朋友"。在高中的第二年，清党运动之后，大量军警包围我们学校，逮捕了几个同学。这件事，对留心时局的邓拓清醒地提出了中国的前途应该怎样和往何处去的问题。

高中时期，邓拓是很活跃的。曾获得全校演讲比赛第二名。他有艺术天才，歌声嘹亮，唱得很好，至今记起他，仿佛余音还萦回在我的耳际。他又善绘画，有一年夏天，他在自制的夏扇上画了一幅题作"抚孤松而盘桓"的水墨画，说明年轻时邓拓就对"松"有特殊爱好，他的性格，就像青松一样，坚贞不屈，经得起风霜雨雪，傲然屹立不动。那时爱好文艺的风气很浓厚，同班同学发起组织"野草社"，刊出过一期《野草》，自刻自印，做得津津有味。我们的校园紧邻乌石山的海天阁和积翠寺，我们同学便时常到那里谈文作诗。邓拓诗作的兴趣和根底，就是奠基于此时；当然还有他的家学渊源，鸥予老伯的熏陶。课余之暇，我们几个年轻的同学大都畅言无忌，谈论古今，批评时政。那时福州西门的小西湖，于山的戚公祠，不时见到我们几个人的游踪。邓拓的家——第一山房，距离我校最近，因而他的小书房也成为我们几个同学聚会的地方。玩的是赌诗钟，批文章，有时鸥予老伯也来加入议论，尽兴时则连床共榻，谈到深夜，毫不疲倦。在高中毕业前，我们几个同学在他家的小丘上合影留念，这张相

片，迄今我还保存着。每次看到时，唤起当日的记忆，此情此景，如在目前。

邓拓对事坚持真理，仗义敢言，是他的本性。在高中时，学校教务处对我班的教学安排很不合理，引起争论，发生冲突，邓拓不畏权势，据理力争，终于使学校当局不得不接受我们的合理意见。

高中毕业时，邓拓17岁，我18岁。同几个同学一起赴沪准备升学。邓拓嗣在上海光华大学就学，我则进入厦门大学，虽异地相隔，彼此不断有书信来往。

1930年暑假，邓拓休学在家，准备功课。在这期间他写了不少有关国际问题的文章，在报刊上发表。同时，也写了许多杂文，并致力于古诗词的研究。时常和我谈论清代福州诗人谢枚男的诗。他的文字辛辣有刺，触犯时讳，惊动了福州地方当局。1931年9月，他再度赴沪求学，算是第二次离家，写了一首《别家》的诗，表明他要奔向革命的意志：

> 空林方落照，残色染寒枝。
> 血泪斑斑湿，杜鹃夜夜啼。
> 家山何郁郁，白日亦凄凄。
> 忽动壮游志，昂头天柱低。

1931年的秋天，他转学上海法政学院。这时，他为我购买了一本《社会科学与历史方法》的书，这本书现尚珍藏在我的书架上，睹物思人，无限伤感。大约过后不久，他在沪从事工人运动，被捕入狱。1933年秋，由鸥予老伯保释回闽。他即参加十九路军在福州发动的"闽变"，曾做过人民政府外交部的秘书，似乎也在文化委员会担任一些工作。我刚从厦门大学毕业归来，他便时常来我家找我，谈政治，谈学术，无所不谈。当时他以邓君特的笔名，在《新中华》杂志发表了多篇批判张东荪的唯心主义哲学的文章。闽变失败后，他没有灰心，很沉着，就守在家里，每日和我同往乌山图书馆看书。那时他很喜爱张际亮（亨甫）的诗，张是鸦片战争时的爱国诗人，同林则徐、龚自珍、魏源、姚莹等人过从甚密。邓拓对张际亮的爱国行谊，十分欣赏，寻出不少资料，并写成文章。

1934年暑假，他又离家前往河南开封他的长兄伯愈先生处，准备进河南大学继续求学。他曾说自己进入河大，是为了可以静心致力于阅读，并非为了要这张文凭。这时，他把全部精力投入中国史的研究，在《中山文化教育馆季刊》发表了不少文章，《中国救荒史》也成书于此时。他的勇猛精进的面影，十分清楚地涌现在文章里，灼然可见。1936年我在东京，他曾汇款给我代购《露和字典》等书，我立即将书寄往，以供他学习俄语之用。他也不时把他的文章寄给我看，对我的研究有很大的启发作用。

最使我难忘的一件事，即在七七事变之后，他决心献身革命，投入火热的抗战救亡运动，特地写信给我说，他近在商震军中战地服务队工作。并说："西方有巨人焉，吾将往从之。"他又鼓励我说："目前国难当头，我们应该做一件扛鼎的工作，不是在战场上和敌人

进行生死搏斗，就应该在学术上有所贡献，写一二种大部头的学术著作，发扬祖国的文化。"此信之后便没有再听到他的音讯了，我只祝愿他在战场上平安无事。

1953年4月，我到北京开会，阔别十多年的同学，能在中华人民共和国成立后的首都，能在煤渣胡同他的家里再次聚首，说不尽心中的喜悦。以后我多次去京，都有见面深谈，至今记忆犹新。

怀念拓叔

邓　全

　　每当我想起我的叔叔——邓拓同志，就不禁心潮起伏，思绪万千。那瘦长的身影，亲切而含笑的面容，展现在我的眼前，宛如是前日一般。

　　我刚满两周岁，就失去父亲，一个小妹妹长年寄在外祖母家，家里没有别的孩子，年纪只比我大九岁的小叔叔，就成了我幼年最亲密的亲人、伙伴。他教我读书、写字，带我游戏。他是我童年生活里唯一能带给我乐趣和愉快的人。

　　我的家在福建福州市乌石山麓名叫第一山的地区。这个地区原来是个高出地面几十米的小山区，有些大大小小的石头堆积，人们在这里建立起住宅，逐渐就成了居民区，范围不大，最多也不过二十来户人家，他们大多是城市贫民，做小买卖的最多。我们家是教员家庭，祖父和我父亲都当教员。祖父为人正直、谦逊、平易近人，很受邻人

尊敬，人们无论老幼，都叫他"邓先生"（老师的尊称）。

我们的家庭生活是靠微薄的教员工薪收入过日子，所以比较清苦。我叔叔有四个兄弟，我父亲排行第二，不幸早逝，大伯和三叔不在家，邓拓是最小的一个。

我祖父对孩子管教比较严，绝不允许懒惰和享乐。叔叔在他幼小的年纪，就要分担家务。他要去拣树枝、扫树叶给家里当柴烧，要去挖竹笋、钓螃蟹给家里做菜。同时，最主要的，当然是要勤苦读书。他每天早起的第一件事，就是背诵古文和练习写字。写大字时要用"悬笔"，就是肘部不许挨着桌子。他告诉我：他刚开始学写大字是用的"扫帚笔"，即从扫把上拔下一些草，自己捆扎成笔，提着胳膊，蘸水在砖头上写，这样可以练习臂力，又节省纸张笔墨。写字时，祖父常在旁边指点，要求一笔一画写到十分熟练，说写字要写到"得心应手"才行。我七八岁时，也每早写一张大字，一张小字。可惜后来叔叔走了，祖父对孙女要求不严，没有长期坚持下去。

祖父要求儿女勤劳好学，无谓的浪费时间是绝对不允许的，如果叔叔做了些被认为是没意义的事，祖父就要用手指敲他的脑袋，意思是说他没有头脑。

叔叔性情温和，对长辈很尊敬，对兄弟姐妹友爱，对我母亲特别尊重，很喜欢我和妹妹。他一贯勤奋好学，在学校读的是历史，但酷爱古文学。家里有一个书柜，里面绝大部分是线装书，他不但看家里的书，还常去附近旧书摊看书。每天只在傍晚吃晚饭以前，他才要休息一阵子，这时他就叫我："依全！来！我们玩会儿吧。"最多的时候是跟我踢毽子，有时讲故事，最高兴的还是让我爬到他肩子摘树上的果子或者抓蝉儿。晚上睡觉前，他常常还要到附近一个体育教师那儿去学打一阵少林拳。

叔叔很小就会作古诗，这虽然同祖父的指点和要求有关，其实也是他自己的爱好。福州一些文人常组织"赛诗会"，叔叔常去参加。我有时也跟去看热闹。只见台上摆着一排桌子，桌上燃着蜡烛，被请来当评卷的人高高坐在台上，依次轮流朗读选中的诗，台下的人听到念自己的诗，就起立，大家鼓掌、叫好。有时还有小小的物质奖。这样的诗会有时开到深夜，叔叔回家后还跟祖父谈论不已。

吟诗是叔叔日常的一种学习，也是一种娱乐。每逢假日，往往约上几位朋友来家，点上一根香，出个题作诗，香尽交卷，大家评比。我那时还很小，总是默默地在旁边，看他们徘徊吟哦，他们完成诗作后的那种热烈愉悦的情景激动着我，至今我还能记得很清楚。

叔叔的求知欲是很强的，爱好也是多样的，一时一刻都不肯放过增长知识的机会。他会跑很远的路去听一个名叫园音法师的高僧讲经，时常同祖父和我一个当和尚的叔祖研究佛经。他也带我上礼拜堂去做礼拜，并翻阅新旧约（圣经），为的是了解基督教是怎么回事。听说他在学校校庆时，还写过剧本，亲自当导演，为学校演出话剧。由于我父亲是图画教员，他受哥哥影响，早年对绘画也很有兴趣。我们家大门口，有一块高、宽都三四米的岩石，一棵大榕树生长在岩石中，把岩石分成两半，榕树荫下，是大家乘凉所在，岩石上面，则是叔叔读书、午睡和画画的场所。

　　1929年他离家去上海，1930年在上海参加了革命组织。1933年他回到家乡，那时我已经13岁，上初中了。正遇福建成立人民政府，反对蒋介石。叔叔此时在家，常有朋友来找（后来知道是中共地下党同志），他每外出，就嘱咐我有人来时如何打招呼。这一年他对我的关心比过去不同，他关心我的学习情况，教我英语，并且注意我的性格、作风的锻炼。我有时爱哭、爱生气，他就说："要是人家要气你，你哭了，气了，岂不是上了大当？"他希望我能坚强。他喜欢有"泼辣劲"的人，讨厌"懦弱"，说"碰到不如意的事，要想办法，哭不顶事"。后来他离家去河南，走之前对祖父说，要让我多念书，继续升学。

　　他走后，我时常想念他。隐约中我逐渐理解到他走的是一条与我周围的人不同的道路。我从祖父的书柜里发现一套《新青年》，明白了他很早就接受革命思想。听祖父说，这些书是他和叔叔一起看并一起交换意见的。1938年，家里收到一封他从遥远的北方寄来的信，我以为他到了延安。从此。延安对我产生了极大的吸引力，我向往革命圣地，对它充满幻想：那是另一个世界，没有剥削，没有压迫，人们都平等、自由……后来，我懂得了些革命真理，以自己能有这样一位叔叔而自豪。然而，以后他的消息我就没有得到了。直到解放，我来北京工作，才看到他，知道他在战争年代都是在晋察冀地区。他见了我，依旧和从前一样亲切。这时他只有39岁，在人民日报社当总编辑，身体不好，有过肺病、胃病，当时又犯腰椎间盘脱出，腰部不能挺直，可是他仍然坚持工作，每天晚上在报社工作到天亮才回家。我每次见他回来时，总是十分衰弱，躺在椅上闭目不语。由于疲劳而又睡不着觉，胃口也不好，但情绪却很高。每说到这许多年走过的革命道路和新中国的光明前景，他总是热情洋溢，信心满怀，使我深深感动和受到鼓舞。

在北京期间，我常常去看他，当我工作、学习有困难，甚至生活有问题时，我都是找叔叔，得到他亲切的关怀和帮助。我发觉他跟少时在家一样，手不释卷，有时间总是博览群书。他对我说："我们求知识，光是精通一二门，虽然很必要，但还不够，还应该要求渊博。这样更能融会贯通，开阔眼界。"我说："你还应该注意休息。"他笑着说："我这样看书就是休息，书里面有很多东西，很有趣哩！"

他每问到福州老家那些藏书，听说在日寇占领期间丢失了，觉得十分可惜，说光是那套《新青年》就不容易再找到。

他工作繁忙，业余爱好仍旧是写字，读书，再加上一项：研究古画。据他自己说，他已学会识别古画（包括辨别年代、真伪等），他准备写一本"中国美术史"。为了这个目标，他广泛收集各朝代有特点的古画，加以研究，有时没地方借，就自己花钱买。他没有别的嗜好，生活也很俭朴，把节余下来的钱都用在买画上。有一天他很气愤地对我说："我为了写中国画史，花很大心血搜集古画，可有人还诽谤我，我只有尽快把这本书写出来，然后把这些画都捐献给国家。"有一次，他还感慨地说："我这些鉴别古字画的本领还后继无人哩。"我感觉他内心有些感伤，可还不大了解为什么。

1965年，我响应党的内迁号召，带孩子们迁来青海高原。临走

前，叔叔鼓励我："人在什么地方都一样，边疆更需要人去工作，你虽然年纪不算轻，但还是可以多走些地方、多做些工作，你会感到有意义的。"我真万万没想到，这一次的离别竟成了永别，我再也看不到我的叔叔了。

我到青海只有八个月，"三家村"冤案便发生了，我立即受株连。不论人们怎样辱骂他，怎样逼迫我，我总是深信我的叔叔没有罪，他不会反党、反社会主义。他一贯忠于党、忠于毛主席，为人正派、胸怀磊落。他一贯为革命积极工作、勤勤恳恳，数十年如一日，把自己的毕生精力、自己的一切都贡献给党和人民。他对人宽，对己严，对同志热诚，最通情达理。世间哪有这样的"反革命分子"？然而，他又是政治上比较敏感的，见到不健康的现象和不合乎历史规律的事，他内心是有忧虑和愤怒的，可能会提一些意见，但这难道不正是共产党人的可贵品质吗？我深信历史是公正的，早晚会给他做出正确的、应有的评价，"四人帮"的诬陷，总有清算的一天，天大的奇冤也总有大白于天下的一天。

果然，"四人帮"被粉碎了，很多革命者恢复了名誉。当我听到叔叔的平反昭雪追悼会即将在京召开，心情万分激动，热泪盈眶，我写了一首"满江红"，表达我对叔叔的悼念：

> 少小离家，投革命，难觅信息。心向往，延河流水，英雄足迹。解放风吹鸿雁至，始知久战晋察冀，惩敌寇，紧握手中枪，胸前笔。

挽狂澜，心如炽，挑重担，千钧力。正京都誉满，才华
四溢，谁料恶魔张巨臂，刀光剑影严相逼。"四人帮"，毁
我国和家，恨无涯！

然而，这短短一词，又怎够表达我对叔叔的怀念和哀思呢？

叔叔呵！你虽然没能看到祖国四个现代化的实现，你丰富的才
华，虽然没能为祖国和人民做出更多的贡献，你要写的东西还很多，
你的愿望还没有实现，你死得太早了。可是，历史会公正地写下你的
名字，你的精神永远是我们大家学习的榜样。你的诗词，你的书法，
你的杂文，你的所有著作，都是鼓舞更多人为祖国的新长征作出贡献
的力量，你将永远活在人们心中。

叔叔啊！你安息吧！

邓拓教我写稿

赵清学

从一枚图章说起

我有一枚刻着小篆体的方形小图章，带在身边已有36年了。在这36个寒暑里，有多少随身携带的东西都不知不觉地丢失了，唯有这枚图章一直没离开过我。它经历了太行山上的抗日烽火和百万雄师过大江的硝烟，听见过欢庆土改胜利的锣鼓，也曾庄严地为一些中国共产党员的入党志愿书做过认证。今天说起了这枚图章，并不是介绍它的经历，而是借此引出使它诞生的主人。

这人是谁？就是当年《晋察冀日报》的总编辑邓拓同志。1943年7月，邓拓同志从晋察冀日报社为我刻来这枚图章。他说图章上的字是他所写，图章是报社刻字工人同志所刻，他代表报社送给我，以志纪念。为什么邓拓同志要为我刻一枚图章呢？话就从这里说起。

他就是总编辑？

1943年夏天，晋察冀中央分局机关住在河北省阜平县板峪河畔的柏崖村。6月的一天晚饭后，我正在房东屋门口蒲墩上坐着看报，有一位同志向我走来，手里拿着本《整风文献》。我急忙站起身来，把蒲墩让给他坐，可他已坐在石阶上了；我把《晋察冀日报》递给他看，他说他看过了。

"小鬼，你念过几年书？"他见我在读报，一开口就问我的文化程度，那时在八路军里能读报的，确实不多。

"几年？！只念了几冬。"我这样回答。

"报上的字都能认得下来吧？"

"有时遇到'拦路虎'，就得问别的同志。"

他拿过报纸，找了"警惕"二字，先考我认不认得，然后让我讲解意思。我讲过之后，他又问我是怎样学习的。我说除了参加时断时续的文化课之外，就是看书。"看什么书？"他问。

我说："逮着什么看什么，闲书也看。"我说着就把揣在怀里的一本线装《金镯玉环记》掏出来递给他。那本书是带唱词的，他翻开书本，念着里边的两句唱词："前边走着老杨荣，后跟公子王宝童……"哈哈笑了起来。他说，闲书也可以帮助提高文化。

　　通过谈话，我知道了他是从晋察冀日报社来的，大约刚三十出头的年纪，很英俊，很和蔼。他刚与刘澜涛等领导同志谈过事情，说是要在这里住一夜，正在等管理科给安排房子。夜幕已经降临，房子还没安排定。我看他急不可耐了，就建议将我住的房子让给他用，我搬到大门过道里去睡。开始他不愿意这样做，后来他感到工作紧迫，也就同意了。

　　我住的那间房子，坐落在从外院到里院的夹道中间。夹道里并排有两间小房子，一间是房东养驴的，一间是给驴装草的，我住的是给驴装草的那间。

　　他进屋看了看，说："好，你也不要搬出去，门板归你睡觉，高桌归我写字，我有这张高桌和这盏小油灯就行了。"

　　可是，屋里地方太小了，放一扇当床用的门板，加一张破高桌，就满满登登了，写字还得坐在床上，我还是得搬出去。

　　我说："把被子给你留下。"

　　他说："不，我不睡，你抱去，小心大门过道里后半夜凉。"

　　"帮你熏熏蚊子吧，蚊子太多了。"

　　"不用，咬不着。"他说。

　　我帮他点着小油灯，放在裂开两道缝的高桌上，他拿出一个碰掉了釉子的"洋瓷"茶缸来，问我："能不能找到一杯开水？"

　　我说："能。"

　　当时我是给领导同志做警卫工作的，弄杯开水比较容易。我从程子华同志的勤务员小李那里提来一壶凉开水，给他倒了满满一杯。

他说："谢谢你，小赵同志，我占了你的房子，用了你的灯，今天晚上，你读不成《金镯玉环记》了。"

我说："我已读过两遍了。"

我们两个都笑了。

半夜过后，他屋里的灯光还亮着。我进去看，他正伏在桌上写字，笔尖不住发出划在纸上的唰唰声。他满头大汗，杯子里早已干了。我取来水壶，又给他倒了一杯。这次索性把壶给他放下了，以便他自斟自饮。他表示非常感谢，抬起头来，笑笑说：

"你还没睡？"

这正是我要问他的话，他反而先问了我。

他没穿袜子，蚊子嗡嗡叫着来啃他的脚。他双腿盘起，把两只脚藏在腿弯底下，蚊子还是来找着咬。这样，他就得一边写字，一边驱赶蚊子。

这间小屋，和拴驴的那间，隔着一堵墙。房东为了喂驴方便，在墙上开了一个大洞口。老灰驴吃着夜草，不断抬起头来望望这位写字人。他就这样，一边打着蚊子，一边听着老灰驴咯吱咯吱的嚼草声，工作到天明。

第二天，水壶空了，油灯干了，灯罩熏黑了，他交卷走了。他是谁？姚依林秘书长告诉我说，他是《晋察冀日报》总编辑邓拓同志。

"他就是总编辑？"我确实惊讶了。当时我认为做一个《晋察冀日报》的总编辑，一定是个连胡子上都有学问的"老夫子"，没想到是个普普通通的青年。

教我怎样写稿子

几天后，邓拓同志又来了。这次他仍旧住在我住的那间小房间里，仍旧彻夜写文章。这回，在我的思想里，对报纸总编辑的迷信破除了不少，而对邓拓同志的敬重却增加了很多。我敬佩常打胜仗的司令员，我也敬佩办好报纸的总编辑；爱戴缴来机枪的英勇战士，也爱戴写出好文章的投稿人。"写稿比缴机枪难吗？"我想把这个问题提出来，请教总编辑邓拓同志。

晚饭后，邓拓同志坐在柏崖村边的一块大石头上，仍旧读着他那本《整风文献》。

我还没走到他跟前，他就笑着与我打招呼了："小鬼！来，这儿坐！"

我答应着坐在他身边，就拿他正在看的那本书做话引子，问道："你还在看《整风文献》？"

他说："你不是把《金镯玉环记》读了两遍吗，这整顿三风的书，可不是闲书，是要读到老，整风要整顿到老的啊。"

谈了几句读书学习的事，我便直截了当地提问题了："邓拓同志，那报上登的稿子都是什么人写的呢？"

他望着我稍许沉思了一下，像是猜透了我的心思似的说："编辑、记者、通讯员、干部、小学教员、战士、老百姓，都可以为报纸投稿写文章，你也可以写呀。"

这正是我要问的问题，我就坦白地说我有许多故事想写，就是不知道怎么写。

他说："走，我们到河边去，你先把你的故事讲给我听听。"

我们走到潺潺的清水河边坐下，他脱掉鞋子，把双脚伸进水里，一边洗着，一边听我讲述。我讲的第一个故事是肖克同志抬担架。在平西反"扫荡"中，肖司令员的指挥部与日本军队在一个山沟里遭遇了，警卫连指导员负了伤，肖司令员和警卫员一起做了个简便担架，把指导员抬了下来。第二个故事是马辉之喂马。也是在一次反"扫荡"中，马辉之同志和警卫员路经日本鬼子刚过的一个村庄。夜间，马辉之同志和警卫员轮班喂了一夜马。第三个故事是刘澜涛同志赠羊。党组织为照顾刘澜涛同志的健康，给他送来一只奶羊。正好这时，胡锡奎同志初到机关来，因为在敌人的牢房里受到残酷的折磨，身体十分虚弱，刘澜涛同志就把奶羊让警卫员拉去送给了胡锡奎同志。第四个故事是姚依林同志有时一天工作20个小时。第五个故事是关于我们房东的。我们另一个村的房东，有两兄弟。哥哥患了感冒，请巫婆下神打鬼，结果误了诊，死了。弟弟也害了病，他不请巫婆，去找医生，八路军的医生给他打针吃药，治好了病。讲到这儿，邓拓同志把我的话拦住了。他把洗过的脚落在露出水面的石头上，让河风吹干，说道：

"你这些故事都很好，都值得大写而特写。但是现在我建议你先写这房东两兄弟，其他留着以后去写。胜利以后，报纸多了，刊物多

了，还可以出书，只要有东西写，不愁没处登。像你这样多留心观察，多注意积累，才有东西好写。"

我说："我试着写过一个《不识字的害处》，写完一看，尽是些土话，把它'祭了灶'。叫我用普通话来讲还可以，若用做文章的词来写就不行了。"

"什么词？"他笑着说："不管土词、洋词，老百姓看得懂就是好词。我们的报纸是对战士、对老百姓进行宣传的，上面登的文章，识字的人看得懂，不识字的人听得懂，才能达到宣传的目的。"

他把《整风文献》送到我眼前，翻着里面的《改造我们的学习》《整顿党的作风》《反对党八股》等文章说，毛主席就讲了许多写文章的问题，他叫我拿去学习学习。他还鼓励我把房东两兄弟的故事写出来，写它的目的是：提倡科学，反对迷信。他要我用大众化的语言去写，要写得有趣些。

我读了毛主席那几篇文章，觉得邓拓同志对我讲的，都是毛主席关于整顿文风的意思。第二天，我就把稿子写出来了。

邓拓同志看了稿子以后说，头开得好，层次清楚，语言也生动。但有些句子太长，要改短点。尾巴上再加上群众的反映就更好了。他还帮我改了两个错字，其中一个是端水的端字，我写成了"揣水""揣药"。我认为端是要用手的，于是就用了提手旁。他给我解释了"端"和"揣"这两个字的意思，从此我才分清了"端"和"揣"。

邓拓同志帮助修改后，那篇稿子被采用了。机关的同志们看了报，说那上边有篇稿子是同我重名的人写的。我一看见那张报纸心就跳，当着人，我连那张报纸拿都不敢拿，背地里却看了十多遍。

7月的一天，邓拓同志又来了。晋察冀日报社，住在苏家台子和李家沟那两个小山村里，离柏崖有20多里地，他每次来往都是步行，从未骑过一次马。这次他的警卫员跟来了，碰巧他爱人小丁同志也来了。那天比较热，机关医生弄了些薄荷冰片之类，搞了点"发明创造"，说是"快手公司"的"汽水"。刘澜涛同志请邓拓同志和小丁二位同志来喝汽水。我去请邓时，他把我叫住了，笑呵呵地说：

"来，小鬼，给你个纪念品！"

他说着从衣兜里掏出来一个小纸包，小纸包里有颗小图章，小图章上刻着"赵清学印"四个清秀的篆字，它就是我开头说的那枚保存了36年的小图章。给我图章时，他鼓励我多积累素材，多写稿子，多为党做宣传。

从那次握手道别，我们再没见过面。然而，一位忠诚于革命事业的、风华正茂的党报总编辑的形象，一直深深地刻印在我的心中。

跟随邓拓同志办报

刘 志　康存怀　孙惠忱　阎公德　张保安　曹秉仁　孟翰青

陈平舟　邸鲁深　刘庆桂　罗义德　王 敏　邢显廷

邓拓同志含冤逝世，已经13年了。一提起他，我们总是悲愤难平，无限怀念。

我们过去都是邓拓同志领导下的报社印刷工人。回忆在那战火纷飞的年代，他跟我们生活在一起，同生死，共患难，为党的新闻事业呕心沥血，历尽艰辛。

1937年冬，邓拓同志受党的委派，带领一些青年，在五台山区大甘河畔的海会庵，创办了晋察冀边区党的机关报——《抗敌报》，肩负着宣传群众，组织群众，建设根据地，坚持敌后抗战的任务。当时，全报社只有十几人，报纸三天出一期。随着抗日根据地的发展，1940年10月，《抗敌报》改名《晋察冀日报》，每天出刊。

邓拓同志是在战争环境十分残酷、物质条件极端困难的情况下，领导大家坚持办报的。《抗敌报》初创时，印报还是用原始的油印机，稍后才改用石印机。为了适应敌后军民的需要，经过邓拓同志千方百计地努力，1938年4月起，又先后从冀中，晋东南等地弄来几部八页铅印机和一些铅字。当时，铅字很不够用，报社没有铸字机，也没有字模。邓拓同志发动工人自力更生，用铅坯刻成铅字，用胶泥做成翻字盒，再用字坯翻铸成字模，然后铸成铅字。正因为铅字来之不易，邓拓同志十分珍惜，他发现地上即使散落着一个铅字，也心痛地说："嘿！宝贝，宝贝！"连忙捡起来放进字盘。报纸有时需要刊出地图，当时没有制图的设备和材料，用木板刻图，既费工又很慢。在邓拓同志的动员下，工人们用胶泥制成版坯，地名用铅字插在泥版上，分界线则用铁皮代替铅线栽到泥坯上，这就成了一幅地图，既快且好又省工。打纸版本来需要雁皮纸和云母粉，当时边区根本没有这些东西供应，工人便用粉连纸（糊窗户用的）代替雁皮纸，用滑石粉代替云母粉。经过试验，效果还可以。没有浇版机，邓拓同志又发动工人自己动手，先后用胶泥和木料制成。浇版没有铅，就向老乡收购锡酒壶，用熔解的锡代替。为了解决夜晚排印报的照明问题，经过邓拓同志的发动，叫工人孙惠忧用羊油蘸成蜡烛。后来从敌占区弄来煤油，工人又用子弹壳塞上捻，沾上煤油，照明十分方便，比麻油灯还亮。印报的油墨，也是工人用老乡家里锅底下的烟灰制成的，因为成天弄得满脸黑，大家就称它为"黑人牌"油墨。印报用纸非常困难，邓拓同志派人在阜平、灵寿和平山等地办了手工造纸厂，用稻草、麦秸、玉米秸和麻绳头等原料制成纸，质量虽然不好，但印出报来还是

像个样子。邓拓同志很珍惜纸张，连一片残纸也舍不得丢掉，他看到打窟窿或缺边角的纸，总是要工人补贴完整。为了解决印刷机的动力，我们用手摇机器的大轮，一直摇过抗日战争，直到解放战争。

抗日战争进入相持阶段后，敌后斗争越来越残酷，"扫荡"和反"扫荡"越来越频繁、激烈，根据地军民更需要从我们报纸得到鼓舞激励，邓拓同志坚持在紧张的斗争中照常出报。他亲自和工人们研究如何减轻印刷设备的重量。经过设计，石印工人牛步峰首先把笨重的石印机改装成轻便的铅印机。邓拓同志亲自写稿在报上表扬他，还编了歌子，让大家向他学习。接着，铸字和排字的工人，也分别把铅字的字身缩小，把字架改成可拆可装的轻便架子，把字盘装进特制的木箱中。全部印刷设备，用几头牲口就可以运走，跳出敌人的合击圈，停下来立刻就能出报。邓拓同志后来常说的"八头骡子办报"的佳话，就是这样来的。

在战火中，《晋察冀日报》这支新闻队伍，经受了无数次严峻的考验，越战越强，越办越有经验。1941年，日寇纠集了十万兵力，用所谓"铁壁合围"战术，企图一举摧毁我北岳根据地巩固区。邓拓同志率领报社人员，整整转战了两个月。有一次，我们在平山六亩园，被敌人团团包围。就在这个危急关头，邓拓同志沉着镇定，英勇机智地指挥大家安全突围，我们的报纸照常跟读者见面。1943年秋冬，日寇对我北岳区发动了更加疯狂的大"扫荡"，长达三个月。邓拓同志把报社人员组成精干的队伍，他自己和副总编张致祥、娄凝先等同志，带领少数编辑、报务人员和工人，携带轻便印刷器材，一边跟敌人周旋，一边坚持出报。一次，敌人逼近我们报社隐蔽地点，情况十分危急。邓拓同志率领大家，冒着滂沱的大雨，迅速转移。当我们连夜转移到灵寿县南营，进村后看见屋子里亮着灯光，我们隔着窗户叫门，屋里人没有回话，开枪就打，这才发现是敌人，我们一边还击，一边后撤。邓拓同志骑的马被敌人击伤，他从马上摔下，迅速跳起来，沉着指挥大家摆脱了敌人追击，安全地到达一个小山村，刚刚住下，邓拓同志又抓紧机会，领导大家出了一期报。在反"扫荡"空隙的短暂休整中，为了解决住的问题，邓拓同志和我们一起上山割茅草，砍树枝，搭起一座座窝棚。邓拓同志就是在那透风的小窝棚里坚持编新闻，写社论，看清样。尽管当时生活很苦，他却精神饱满，意志坚定。他有一首题为《忆日卜》的诗："记得昨宵篝火红，战歌诗思倍匆匆。枕戈斜倚刍茅帐，假寐醒时月正中。"正是当时这种战斗生活的写照。

我们转战"无人区"时，正值隆冬季节，朔风凛冽，大雪纷飞，大家身上只有一件薄棉衣，冻得直打哆嗦。当地的房屋又被敌人烧光了，我们每到一处，只能挨着残垣断壁避避风雪，合合眼算是睡了觉。吃饭更没有保证，一天一餐算是好的了。在这极端艰苦的情况下，邓拓同志仍然十分乐观，以顽强的革命精神，鼓舞大家坚持斗争。我们在整个反"扫荡"中，不管形势如何紧急，都一直坚持出报。在不断行军转移中，邓拓同志在马背上仍然构思社论和重要新闻稿，队伍一停下来，他就组织大家架电台，装机器，编写稿件，抓紧出报。报纸一出，交通员立即穿过敌人的封锁，及时地把报纸传到边

区各地军民手中。广大军民由于不断从报上看到党的指示和反"扫荡"胜利的消息，大大增强了胜利的信心。在这次反"扫荡"中，我们报社虽然不幸牺牲了一些同志，也被敌人破坏了一些器材，但丝毫没有动摇我们的斗志，相反，在邓拓同志领导下，我们掩埋了烈士们的尸体，继续战斗。

邓拓同志一贯爱护同志，亲切感人。我们刚到报社工作，他亲自接待，给大家打水、倒茶，嘘寒问暖，十分热情。有一次，冀中地区给报社派来一批工人，邓拓同志亲自赶到一百多里外的灵寿县陈庄，把他们迎回报社。这件事，给我们印象很深。邓拓同志经常找工人聊天、谈心，关怀工人的生活。反"扫荡"时，工人孟翰青、张孝舜两同志腿有残疾，不便行军，邓拓同志设法弄来两匹马，帮助他俩克服了困难。1943年，工人出身的印刷科长钱奔同志不幸病故，邓拓同志十分惋惜，特地写了一首诗悼念他。邓拓同志很重视从政治上关心工人的成长，重视从实践中培养工人干部。他常常给工人上课，深入浅出，大家很爱听。从报社创办起，他就依靠工人管理工厂，从厂到科，都是工人负责；分散独立作战的厂，由工人和知识分子干部共同负责；独立作战的印刷点，完全由工人管理。抗战后期，他还选送一批工人，进华北联大学习，为解放战争的胜利准备了干部。

邓拓同志给我们印象最深刻的是平易近人，作风艰苦。他是报社的主任（即社长），但大家并不称他的"官衔"，而是叫他"老邓"，连报社驻地的老乡也是这样叫他，大家觉得这样叫特别亲切。他经常亲往印刷厂送稿或看清样，去了总要跟工人谈谈，有时还开开玩笑。记得张保安同志从部队调来报社，邓拓同志问了他的名字，就诙谐地说："哈！将来解放了北平，你当保安司令。"从这里可以看出，他和工人的关系多么融洽！也正因此，工人有什么问题，都愿找他谈。在物质条件极端困难的时候，邓拓同志本来可以按规定享受一些照顾，但他却和我们同艰苦共患难，我们吃野菜，他也照样吃。开展大生产运动时，他带头劳动，同大家一样交生产任务。正是在长期的艰苦战斗中，邓拓同志和我们结成深厚的无产阶级友谊。我们当中遇有战友牺牲，邓拓同志总是十分悲痛。直到中华人民共和国成立后，他还念念不忘这些同志，想给他们立碑留念。

邓拓同志在艰苦的战争年代，冒着敌人的炮火，领导大家坚持办报，是党的新闻史上光辉的一页。他不愧为我们党的优秀党员，不愧为无产阶级的忠诚战士。他虽被迫害致死，但他长期在新闻、宣传战线上建树的功绩，是不可磨灭的。他那顽强的革命精神，永远是鼓舞我们前进的力量。

1979年12月　北京

怀念邓拓同志

常书鸿

　　岁尾年头，在医院病房里过着打针吃药的日子里，总难免有点感怀之类的思想起伏的活动。昨天，偶然接到丁一岚同志的电话。17年不见了，经过林彪、"四人帮"造成的一场浩劫，一场妻离子散、万马齐喑的浩劫；听到一岚同志热情、爽朗的声调，我竟感到有些陌生。记得过去邓拓同志同我们谈话时，仿佛她总是在邓拓同志的旁边，听着，看着……但她总是不大和客人直接对话的。当我听到电话机那一边传来她的问候，我不知为什么，却从她那响亮的声音中听到了内心的悲痛。我感觉到一岚同志身边的那个人已经不在了！邓拓同志确是离开了我们，邓拓同志确是被谋杀、被夺去了生命了！

　　一岚同志给我送来了新出版的《邓拓诗词选》，我看到邓拓同志的照片和他赠给我的诗句，使我依稀回到17年前。

　　那是我参加第三届全国人民代表大会之后，因敦煌工作滞留在北京的时候。一天傍晚，周怀民同志专门来看我，他说："邓拓同志正在到处找你呢！他知道你来北京，特地要我来约一个时间，他来看你。"我说："那怎么敢当，还是我去吧！如果需要，现在去也可以。"周听了马上打了一个电话去联系，回来说："邓拓同志非常欢迎你去，已打发车子来接你。"不到五分钟车已开到，很快到了他家。这是1962年12月25日晚上，邓拓同志走出客厅来，和我们热情地握手，表示欢迎。他说："欢迎为了保护文物在敦煌艰苦工作了20年的专家！今天劳驾主要是想见见你，并请你来鉴定一下我收藏的几卷敦煌写经，希望得到像你这样的专家来评定。"我说我和周怀民同志一样，原来也是画画的，对敦煌写经知道得不多，要我鉴定是不敢当的。不过多年来，我在敦煌也看到不少六朝、唐、宋的写经，勉强可以从纸张墨色书法中提出我初步的看法。这时邓拓同志把两卷经过装裱了的写经，在他的办公桌上展开：一颗朱红的印章，上面刻着"三国藏经楼主"六个篆体字；在已经陈旧了的古色古香的淡棕色的纸上，用胶墨羊毫书写的壮实的六朝写经书法，这使我联想起我们初到敦煌时，在1944年从土地庙神像腹中发现的魏文帝太和年唐国丰的写经那样的体式。一卷是龟兹名僧鸠摩罗什（号敦煌菩萨）写的，另一卷三国蜀后至景元三年（公元262年）六月月氏人支谦书写的，题记原文的上款："大佛顶首楞严经卷第十终"；下款："景元三年岁在壬午六月优婆塞支谦写论供养"。我看后非常兴奋，说这是我过目经卷中最好的一卷，我认为是好的。邓拓同志听了非常高兴，一定要我

在卷子后面空白处写几个字。他说："作为专家的评定，你一定要写几个字。"我看到这卷装裱精致的经卷，自己既不会写字，也不会做文章，不敢轻易下笔。但邓拓同志一定要我写一个跋，最后不能推却，只好要求让我回家去考虑一下，约定1963年元旦上午再来书写。

元旦那天，我去邓拓同志家中的时候，院子里静悄悄的，只有邓拓同志一个人在等待我，已经放好了笔墨纸砚。我在邓拓同志明窗净几的书桌上铺开卷轴，很吃力地写了一个我生平从来没有写过的题跋。内容我已记不得了，大概曾提到支谦是月氏人。月氏原来是在敦煌祁连间活动的一个民族，在秦汉时受到匈奴的迫害而西去。汉武帝使西域的目的之一，也是想联络大月氏东西夹攻匈奴，以保障河西的安定。张骞使西域（公元前138—126年），结果虽然没有达到预期的目的，但传来了佛教和沟通了丝绸之路的交通和文化交流。所以支谦是当时沟通中外的一个重要历史人物。他的亲笔写经，其宝贵可想而知了。我写好题跋后，在和邓拓同志告别时，他问我何时离京，我说我决定五日离京。

使我感到意外的是四日晚，在晚饭后忽然听到旅店服务员在北方饭店的楼下喊我。当我从楼上下去时，看到邓拓同志正在一步一步地走上狭小的楼梯。我迎他走到房里时，邓拓同志说："明天你回去时我不来送你了。"说着将手中一卷字递给我说："这是我对你二十年在敦煌艰苦工作表示的一点敬意，祝你健康长寿，在敦煌继续努力，取得更大的成果！"我一时为他诚朴而真实的行动感动得除了谢谢之外，无话可说，急忙打开看，只见写着：

危岩千窟对流沙，廿载辛劳万里家。

发蕴勾沉搜劫烬，常将心力护春华。

上款是常书鸿同志，下款：邓拓（章）。我送别邓拓同志后回到旅馆，面对着邓拓同志的字轴，心潮起伏，想起我糊里糊涂在敦煌待了20年的过去，没有料到还有像邓拓同志那样的有心人，选择我在敦煌20周年的纪念日，送我这样一轴题诗。与其说是来自同志之间的奖励，不如说是一个鞭策，对我起到鼓舞和促进的作用。于是我把它好好地卷起来，带着它上了火车，一直回到敦煌莫高窟的中寺，挂在我小小办公室仅有的一块没有被煤烟熏黑的土墙上。年年月月它伴随着我，勉励我奋发图强继续前进，同时也使我回忆起这次会见邓拓同志一段难忘的因缘。"在塞外莫高窟中能看到邓拓同志这样好的诗和这样好的字！这也是给我们敦煌县的光荣呀！"县委一位负责同志这样对我说。

就在这一年，我们根据人大代表向达、何遂等十余人的提议，和李维汉同志的支持，写了一个给国务院周总理拟于1966年9月在敦煌举行莫高窟建窟1600年的请示报告，并得到原则上同意的批复。为了杜绝流沙侵蚀、岩面破裂以保护壁画，由文化部组织了以徐平羽同志为首的敦煌工作组，组织了治沙、古建、考古、出版、美术、电影等各方面有关专家进行全面的调查研究会议，决定于1963年开始对莫高窟进行全面的抢救维修。另一方面，为了准备莫高窟建窟1600年纪

念，我们还动员了全所研究人员各自准备对敦煌学研究的文书、美术、历史、考古发掘等各种论文30余篇，组织论文讨论会，一切都为1966年9月的纪念会行动起来了。

1963年，我来到北京列席全国政协会议。闭幕前，在一次有陈毅副总理参加的宴会上，李维汉同志举杯对我和李承仙（按：常书鸿夫人）祝酒说：让我们为1966年敦煌建窟1600周年而干杯。当时我们都非常兴奋地准备迎接敦煌节日的到来！

谁能料到，到了1966年，反动文痞姚文元《评"三家村"》这篇文章的发表，一时间在全国政治生活中掀起了逆风恶浪，使我和李承仙顿时成了"三家村在敦煌的分店"。我们也被关进了牢房，失去了自由。我是多么羡慕在"天王堂"作巢的燕子，他们自由地歌唱，自由地飞翔。我呆呆地望着碧空中飞翔的小燕，想到那些"为自由捐躯"的人们。这段经历使我们能够体会到邓拓同志离开我们前最后时刻的心情。

1975年5月，我仍然困守金城（即兰州），旧恨新仇，夜不成寐，莫高窟风铃声依稀入梦，我想到许多远在他方的朋友，想到邓拓同志，想到他赠给我的诗句，朦胧中步原韵和了几句：

> 危崖千窟对流沙，卅载辛劳万里家。
>
> 金城夜夜听风雨，铁马叮当入梦赊。

今天，在粉碎"四人帮"拨乱反正之后，在我们的国家历尽风

霜、冬去春回的日子里，我们多么希望邓拓同志能亲眼看到你所热
爱的祖国已经开始出现迎接四化高潮的热烈景象，正像你的诗句中
所说的"举国高潮望接天"啊！

　　　　　　　　　　　　　　　　　1980年1月22日　午夜

记邓拓和他的家属

王铁藩　刘秉礼

　　邓拓，是当代杰出的无产阶级新闻战主、政治家、历史学家、诗人和杂文作家，为福建近代文艺战线上的第一人。

　　铁藩与邓拓的胞姐淑彬是内戚，故于1947年间，曾在乌山"第一山房"见过邓拓的父亲仪中老先生。有关邓拓青少年时期和他的家属情况，均由淑彬和她的堂姐亮晶提供。1954年后，为了文物考古，故查考了乌石山古迹并翻阅了大量史料，经正理成文，以供研究邓拓生平之参考。

　　邓拓，祖籍东门竹屿村，父邓仪中字鸥予，清末举人。生有五男三女。竹屿邓姓为八闽望族，文风甚盛，有两个举人，即邓克俊和邓仪中，克俊是高个子。仪中是中等身材，性情淳厚，有儒者风，曾在师范学校当国文教员，生活甚清苦。50多岁因病辞职。

　　邓拓出自书香门第，从小在他的父亲熏陶和严教下，熟读了大量的古代诗文，故对诗词写作，独具心得。有一次暑假季考时，曾写过一篇《与友人书》，开头有"拓一堂寒素，十叶诗书，念先人之矢志，慕宗愍之长风，是以负笈三山，寄迹榕垣"之句。他生性坚定，心情豪放，酷爱文学，读过许多进步书刊，富有革命思想，17岁毕业于福建省立第一中学后，去上海进光华大学，不久回闽。1930年加入中国共产党，时年18岁。他写的文章，旗帜鲜明，文字辛辣有刺，因而触犯时讳，引起了当时的政府注意。1931年9月，再度离家转学上海政法学院，写了一首《别家》诗：

> 空林方落照，残色染寒枝。
>
> 血泪斑斑湿，杜鹃夜夜啼。
>
> 家山何郁郁，白日亦凄凄。
>
> 忽动壮游志，昂头天柱低。

表白他奔向革命的决心。到上海后，因从事工人运动被捕入狱，1933年初他的父亲保释回闽，参加十九路军在福州发动的"闽变"，任人民政府外交部秘书等职。闽变失败后，他并不灰心，每天都往乌山图书馆看书，寻找资料，推备撰写激发人们爱国的论著。1934年他第三度离家，前往河南开封的大哥处，准备进河南大学继续读书。但于1936年因参加革命运动，在开封再次被捕。出狱后，便北上投入革命队伍。从此与家中断绝音讯，直到福州解放后才联系上。知道他的父母生活很困难，连房子都卖掉，便托人接父母到北京供养。其《寄

父》诗：

> 来诗天末写残笺，犹忆儿时课读虔。
>
> 风送塔铃遥自语，月沉鸟梦静初圆。
>
> 高堂贫病暮年苦，战友青春新岁还。
>
> 乡国今朝欣解放，好将马列作家传。

1937年7月，抗日战争爆发后，进入解放区在《晋察冀日报》工作，写了大量的社论和通讯，鼓舞了人民、打击了敌人。他在戎马倥偬中，常带领报社同志坚持工作，越风雪山林，度深山寒谷，他对革命事业的高度责任感和坚持不懈的进取精神，给人以难忘的印象。他勖报社同志：

> 笔阵开边塞，长年钧剪风。
>
> 启明星在望，抗敌气如虹。
>
> 发奋挥毛剑，奔腾起万雄。
>
> 文旗随战鼓，浩荡入关东。

邓拓在艰苦卓绝的战争年代，出生入死，紧紧依靠据地的人民群众，在游击战争中坚持"八头骡子办报纸"，他既是报纸的总编辑，又是战斗的指挥员，经过撰写诗文，激励广大人民的斗志。进入解放区后写：

毛锥十载写纵横，不尽边疆血火情。

故国当年危累卵，义旗直北控长城。

山林肉满胡蹄过，子弟刀环空巷迎。

战史编成三千页，仰看恒岳共峥嵘。

在行军中写：

风雪山林路，悄然结队行。

兼程步马急，落目水云横。

后路歼顽寇，前村问敌情。

棘丛挥斤斧，代木自丁丁。

边疆话旧：

昭昭往史未成烟，寄意游仙大雅篇。

午夜啼声惊短梦，山林灯火照无眠。

马兰路上青春影，鹞子河边战斗连。

廿载艰辛回首处，东风卷地换新天。

中华人民共和国成立后，邓拓任《人民日报》总编辑，战斗在新闻事业的第一线，撰写了许多社论、评论，指导全国工作，起了极

为重要的作用。1958年后，任北京市委书记，仍不知疲倦地兼任《前线》杂志的主编，像一个战士一样，始终紧握手中枪——那支伴随了他一生的笔。

邓拓工诗能文，他的书法和诗词风行一时，有风流才子之称。他一生都担任重要职务，常常工作到深夜，甚至黎明才回家休息。工作虽忙，但时刻不放松学习，时间哪来呢？他总是从百忙中挤出来的，很零碎的。他说：用零碎时间同样可以学到不少东西，但要讲究学习方法，要有主攻方向和积累知识的本领，看到有用的东西，立即随手记下来，就像穿珠子一样，用一根线穿起来便成整体了。知识是积累起来的，经验也是积累起来的，不知积累，什么事都像"过眼浮云"，那将一事无成，书读得再多也没有用处。

他要求人们认真学习马列主义的经典著作，只有学通学懂了，才有建梁立柱的真功夫。有了这种基本观点，多种多样的知识就活了，就能融会贯通，运用自如。邓拓同志在新闻战线上做出卓越的成绩，在文学、历史、书法各方面都取得很高的成就，就是靠珍惜一分一秒的时间，一点一滴积累起来的。他严肃认真的学习态度，分秒必争的学习精神和一丝不苟的学习方法，永远值得人们借鉴。

邓拓同志光明磊落、博学多才，为党的新闻工作付出了大量的心血和汗水。人们所熟悉的《燕山夜话》，就是他在新闻战线上工作近30年之后写成的一个集子。1966年动乱中，竟被迫害含冤致死。时仅54岁，殊深惋惜。

邓拓自1934年秋天最后一次离家后，直至1966年5月18日蒙冤逝世，都没有回到他朝思暮想的家乡。今年是他逝世20周年，他的夫人丁一岚和他的姐姐邓淑彬，怀着他生前夙愿，率领子女、亲属以及邓拓生前的战友和同学，一行数十人，于5月11日下午回到故居"第一山房"凭吊。并在新镌的邓拓手书诗篇前摄影留念。这首诗刻在"第一山房"石刻之旁，面对他的卧室，是很有意义的。诗云：

> 当年风雨读书声，血火文章意不平。
>
> 生欲济人应碌碌，心为革命自明明。
>
> 艰辛化作他山石，赴蹈从知壮士情。
>
> 岁月有穷愿无尽，四时捡点听鸡鸣。

三日后（5月14日）福州三山诗社一百多位诗人，又在"第一山房"举行"怀念、学习邓拓同志诗会"，与会的还有邓拓夫人丁一岚，全国新闻学会会长胡绩伟、澳大利亚研究中国史学者齐慕实等20多人。会上诗人们用福州腔调吟唱了怀念邓拓全篇诗词，并代唱从北京李志民、廖沫沙等人寄来的诗词。此外，还举行"怀拓"第一唱折枝吟。中有"怀君文旗追战鼓；拓边北岳共峥嵘""怀此故山称第一；拓其遗泽播千秋"等佳句。

福州三山诗社社员郑丽生为怀念邓拓逝世20周年而作的：

> 拼桐挺节仰先芬，又见干霄竹拂云。
>
> 好为两间存正气，三家村里写雄文。

此诗起句就以"拼榈挺节"来比拟邓拓坚强正直的性格。拼榈今称棕榈，是常绿乔木，可以入药，又是一种非常美丽的观赏树。福建永安市北的拼榈山，（今称桃源洞）古以盛产拼榈而得名。宋代邓拓的始祖邓肃居山下，自号拼榈居士。后来，他的子孙迁居各地，均以"拼榈"作为族望。福州东门外竹屿村，为邓姓聚居的地方，亦属于"拼榈"一支。邓拓的祖先世居竹屿，到他的祖父邓长椿才迁入城内南后街宫巷口居住。

邓拓的故居第一山，位于乌石山东端，中隔天皇岭，实际上是乌石山延伸出来的一块台地。周围多奇石，登其巅，望城中屋顶密如鳞片，古称"鳞次台"，系乌石山三十六奇景之一。后人又摹取宋代大书法家米芾行书"第一山"三字刻于岩石，字径80厘米相当显目，便成为当地的地名。

他的故居今为第一山二至四号。这所以山为屏的陋屋，在历史上却培育出不少人才。南宋绍定二年（1229年）状元黄扑即生长在这里。他的子孙一直居住到明代，才全部离开此地。

铁藩在"文革"前，还看到黄氏家族留在宅内的诗训："祖居山下自唐迁，父老相传八百年；但使儿孙能守分；不令沧海变桑旧"。这方摩岩是刻在门口清林材诗刻之旁，可惜在1978年前后被毁了。自明嘉靖以后至清道光易名为"第一山房"前，均为名人、隐士著书立说的地方，有文献题刻可考。此后，山房先后易主，成为陈、杨两姓别业，光绪年间归严家所有。当时"第一山房"仅存一座三间瓦房和两座房舍地基。民国时，邓拓的二哥邓仲超将其进行改建，现在的建筑物还保持原来的面貌。房屋坐北朝南，基本上没有改变旧时"以山为屏"的布局，即是把原有三间排平屋改为双层楼房。这座主屋宽11米，深9米。楼下：中为厅堂、后厅，左右为前后厢房、邓拓即出生在左厢房的前房。

福州著名的千年古迹"坚牢塔"（乌塔）即在山房之东200米处。立在庭院中，七层的古塔可以看到六层，微风吹动，清脆的铃声便送到山房中来。青年的邓拓很喜欢在庭院中活动，他时常和朋友们在这里踢毽子，约不到朋友时，就拉他的侄女一起踢，他把踢毽列为锻炼身体的主要项目，有时也打太极拳。

邓拓最喜欢攀登到石巅读书。家藏的诸名家诗文集，都留下他披阅时的指纹，也读了不少《新青年》《新潮》等进步书刊。庭院中有数方大城砖，以砖当纸，邓拓每天清早例行"悬腕"练习写字。由于山房环境清幽，主人热情好客，故邓拓的同学都喜欢来到这里聚会。他们时常举办赛诗会，比赛的是嵌有眼字的"折枝诗"。此诗在福州十分流行，即是折取七律诗中的一联，对仗要求工整，立意高深的便有取胜希望。折枝诗又叫"诗钟"，全诗只有14字。比赛时限时缴卷，通过各自评选的诗朗诵出来，发给大家出资购买的奖品，一诗能中选多次，则能获得多份奖品，所以又叫"赌诗"。邓拓学识渊博、文思敏捷，"赛诗"使他得到锻炼机会。

邓拓的祖居竹屿村，离福州东门外约三公里，于现在的福州第二化工厂附近。古时，此地原为港湾中一岛屿，以其上多竹故名。宋代

建有"东垫竹林书院"，理学家朱熹在此讲学。村中多邓姓，以"拼桐"作为族望。明代名人辈出，其中以邓原岳最著名，万历二十年（1592年）进士，授户部主事，累迁湖广按察司副使，以文章擅名，著有《西楼集》十八卷。他把村中"古竹林书院"遗址建"竹林精舍"，邀集著名学者谢肇制、曹学佺、林宏衍、陈荐夫、徐熥、徐𤊹在此吟咏。连同他自己被称为"竹林后七贤"。后人把精舍改建为"七贤祠"。竹屿村中还有一座"笃行斋"，中祀邓氏为官廉洁、著有政绩的子孙；凡是为官不正，做过危害百姓事情的人，官位再高亦不得入祀。可见邓氏教育子孙后代的家风。清代竹屿邓氏子孙，多数从事教育事业。由于他们认识到教育工作的重要性，故在竹林书院中附设"名师祠"，中祀曾在本村任教过的宋代朱熹（元晦）、元代陈澔（北山）、明代翁正春（北震）、叶向高（台山）。祠中还附祀在外任教卓有成绩的邓氏子孙。村中还有"犹画山馆"、"枕经书介"（邓廷曾著书处）、"耕隐菴"（邓定别墅）、"西楼"（邓原岳校书处敦厚斋）、"畏菴"、"鼎阳精舍"等建筑。这些明代的邓氏私人产业，都能保存到清末，虽大多数已非原来的面貌，但其名称和地点历久未变，确实很有价值。

邓拓的父亲邓仪中，生于清同治二年（1863年），由于天资聪敏，在童年即能写出好诗文，被住在附近——第一山的严家女主人看上了。严家是书香门第，她单生一女，家境虽不富裕，但衣、食、住却不用愁。仪中进学（考上秀才）不久，严家就托媒说亲，希望招为女婿照顾暮年。仪中的父亲邓长椿正愁家境困难，仪中入赘后可不改原姓，而能继承一份产业，故就答应了。一般习俗入赘后要改姓，但因竹屿邓氏宗祠祖传，凡取得青衿的子孙，每年可领一份膏火费以资鼓励，故仪中入赘严家后仍姓邓而不改姓严。光绪二十九年（公元1903年）仪中虽中式癸卯恩科举人（是逊清最后的一次举人），但极不得志，晚年生活更为清苦，连捷身的"第一山房"也卖掉。直到福州解放后，才和邓拓联系上。1951年邓拓派人接往北京奉养，1961年病逝，享年91岁。

邓拓的母亲严氏，闺讳爱美。与邓仪中同岁。是一位精明能干的家庭妇女。1951年和邓仪中同往北京，于1959年病逝，享年八十几岁。

邓拓于国民元年（1912年）出生于第一山房。据他的三姐淑彬说：出生时正值清晨旭日初升，父亲给他取名"旭初"，这时他的外祖母尚健在，看到家中又添一外孙，给他取名叫"右任"，取谐音"又一人"之意。后来进入学堂，改名"子健"，在读大学时因参加当地革命活动，被捕出狱后，改用"云特""君特"。1933年参加"福建人民政府"文化委员会工作时，化名"邓拓洲"。他进入晋察冀边区工作时，才取名"邓拓"。此外，还有笔名如："晓晶""马兰村"等。

邓拓的夫人丁一岚。1938年从延安到达晋察冀边区，在河北省平山县搞妇女工作。常向《晋察冀日报》投稿。1941年底与邓相聒于平山县瓦川，彼此志同道合，于次年春在平山县滹沱河畔结为终身伴侣。邓拓以"心盟"为题，以诗定情："滹沱河畔定心盟，卷地风沙

四野鸣。如此年时如此地，人间长此寄深情。"

本文参考

1.吴晗、邓拓、廖沫沙索引

2.《忆邓拓》

3.《邓拓书法》

4.《邓拓诗词选》

5.《邓拓传录》

6.邓拓散文杂志

7.清光绪版郭柏苍《乌石山志》

本文由文史办根据作者来稿综合整理。刘承礼同志的稿系郊区政协文史组提供。

（选自《福州文史资料选辑》第5辑，中国人民政治协商会议

福建省福州市委员会文史资料工作委员会，1986年9月）

附 录

挽联和挽诗选

挽联

四十年出生入死，挥笔扫千军，传播马列，鞠躬尽瘁昭日月；
两百天血雨腥风，横眉对群丑，壮志愈坚，忠魂永在仰高风。

刘澜涛

乌云迷漫惊奇案，唯罪唯功，青史无情得公论；
采翰飞奔警世情，任劳任怨，黄泉闻报慰英魂。

肖　克　蹇先佛

闽海波涛，长城风雪，四十年笔战生涯，何期奸佞逞凶，千古伤心文字狱！

燕山血泪，云水襟怀，百万里长征道路，永记忠贞垂范，八方洒泪马南邨。

《人民日报》全体同志

燕山有灵，长恨千古沉冤，谁人评定？
英灵回眸，当惊六月飞雪，龙马奔腾！

　　　　　　　　　　　　人民美术出版社

积毁铸沉冤，十年风雨燕山夜；
丹心同皎日，千古昭垂赤县天。

　　　　　　　　　　　　　　赵朴初

奇才奇文，奇冤终雪。
同志同业，同仇誓歼。

　　　　　　　　　　　　　　张致祥

诚诚恳恳，平易近人，难得的好领导。
孜孜矻矻，笔不停挥，出色的红秀才。

　　　　　　　　　　陈　今　王子野

话尽燕山，沉诗冤海。
胸怀日月，遗惠生民。

　　　　　　　　　　　　　　吴作人

博学多才有卓识，不苟同，不曲从，宁死不屈真英烈！
是非分明写实话，战敌顽，战邪风，疾恶如仇是吾师。

　　　　　　　　　　　　　　崔月犁

创"抗敌"，枕戈伏鞍，椽笔摧枯朽，一介书生堪国士。

主"前线"，激浊扬清，碎玉留劲节，满纸文章铭燕山。

冯基平

燕山磊落

夜话千秋

李苦禅　付　克

文荟凋残，蔽日乌云肆虐，虽体解尤未变；

芳荃零落，清流直道难行，固愁苦而终穷。

张文松

慧眼识妖孽，于几微处显幽趣。

铁笔扫帮凶，长征路上怀故人。

娄凝先

八载抗战，反扫荡中坚持报纸出版。记得当年篝火红，风雨同舟肝胆共，文旗随战鼓，抗敌气若虹。实践证明，是新闻战线的坚强战士。

廿年飞笔，在征途上始终宣传马列。不忘燕山话正浓，深切时弊拓新风，常助百家鸣，对敌铁骨铮。盖棺论定，是忠于人民的共产党人。

李　荒　金　锺　周　明　方炎军

左海文雄，笔阵词锋，横扫千军惊辟易。

中流砥柱，摧邪显正，投艰九死凛坚贞。

唐　云

悼念故人，一腔直言，竟以身殉。

瞻望来日，万种艰难，犹须奋斗。

赵　丹　黄宗英

能诗能笔即真才，且休说万古奇冤，燕山夜话；

为国为民皆实绩，更哪堪一生心事，碧海青天。

马健民　杨　沫

云开见山高，邓公千古。

木落知霜劲，风雨十年。

黄　胄

笔走龙蛇，力能扛鼎，而今空遗千古恨。

气吞江海，才并劈山，追思实痛师友情。

杨仁凯　周怀民

戎马文章千古事，一肩担易水。

书生意气毕临终，铁骨傲冰霜。

赖少其　沈　鹏

博学多才，诗文拔萃，新闻业绩无伦比。

刚正不阿，爱憎分明，燕山夜话有口碑。

胡开明　李克林

夜话燕山，直奉忠言存谏草。

日收文物，师承古意放奇花。

吴沁泉　李文新

一腔忠贞，文章满纸，书生奋挥如椽笔。

十载血火，风雨同舟，战友长怀英烈魂。

原晋察冀日报战友

十载沧桑难评说，只风声雨声读书声，依旧入耳；怎忍忘哲人思潮，皆注进燕山夜话。

千秋冤案终申雪，正家事国事天下事，真堪关心；莫辜负战士碧血，长偎倚闽海朝霞。

范　曾

椽笔富阳秋，胭脂拒马佺偬，评今论史话燕山，卓识昭昭，清范教人长想念。

罡风起洞穴，鸱枭狐獴群咻，折桂焚柳翻祸水，忠怀耿
耿，舍生忘我永留芳。

李希庚　梅　青　陈　道　乐　雄

古史雄辩慑托派，有破有立，义严斧钺。
昔年清夜话燕山，亦庄亦谐，字缀珠玑。

刘永成

文章满纸，满纸丹心，丹心遭厄，奇冤绝今古。
风雨同舟，同舟聆教，聆教难忘，心花慰英灵。

原《前线》编辑部部分同志

风雨如磐，文星殒落燕山夜。
乾坤顿转，衷思常忆马南邨。

肖远烈　许　文　李光远　吴瑞章　白有光　李　筠

真正的战士，主编党报京刊，英勇善战，战绩无伦。
翘首赞夷羊，清风亮节，宛如泰岱高松柏。
号称为杂家，挥写燕山夜话，纯而不杂，杂绪有章。
横眉批市侩，唇枪舌剑，不愧笔墨大将军。

李光灿

一代报人，笔走龙蛇，夜话燕山心耿耿。

千秋斗士，文斥魑魅，头颅掷处血斑斑。

王庆淑

间气锺闽海，却因与古为邻，以忠获罪；

直言话燕山，大似骂曹击鼓，照怪燃犀。

张伯驹

秉公办报，谁说书生空议论，但求无愧董狐史笔。

以身殉难，终竟真理胜强权，老少争读燕山夜话。

于浩成

太行青松滹沱水，犹记马灯编辑，烽火中骡背办报。

燕山长城芦沟月，难忘直言书记，困难时顶风举旗。

甘　英

笔走龙蛇数十年，文字狱成千古冤。

不为瓦全宁玉碎，饮泣人民怒问天。

曹绮文暨曹　明　宋　琪　曹　珊　宋　群　宋　翔

哭拓弟灵前

一生为党，才华尽吐；书直言，遭横祸，闽江潺沱齐咆哮。

十载蒙尘，玑珠重光；听民意，喜昭雪，五洲四海颂英明。

淑　彬　永　芗　泪挽

云特安息

山海风波，心盟永忆。

万家恨雪，云际长明。

一岚泪挽

挽诗

岂有文章倾社稷，从来佞幸覆乾坤。

巫咸遍地逢冤狱，上帝遥天不忍闻。

海瑞丢官成惨剧，燕山吐凤化悲音。

毛锥三管遭横祸，我欲招魂何处寻？

廖沫沙

遥望琼楼伤玉碎，苦坐铁牢待争明；

而今诗书重见日，安得巨手著新文！

郑天翔

毛锥纵横三十年，宣传马列意志坚。

胸有真理何所惧，沧海横流顶风船。

五台燕山同风雨，新闻经验亲传授。

何期同罹文字狱，生死长别泪滂流。

无限哀思忆忠魂，青松劲节经雪风。

笔健才高遗篇在，浩荡正气贯长虹。

范　瑾

丹心凛凛路迢迢，一夜风狂怒海潮。

文字狱兴莫须有，抄家谳定遭难逃。

十年血碧燕山月，此日魂招金水桥。

漫道才高憎命促，"满江红"赋雨潇潇。

卅四年前喜识君，夜阑杯酒共论文。

春风紫塞张家口，结伴还乡哈尔滨。

杨柳依依天外路，征尘滚滚岭头云。

何堪此日成追忆，岂有苍苍丧斯人!

萧　军

学史新闻党内殊，滹沱文彩太行诗。

捍毫抗敌从征日，愤笔批修激战时。

夜话长留歌孺子，丹心不染献忠躯。

平生默默潮千丈，涤荡神州化雨滋。

康　濯

杜鹃啼血百花衰，一缕忠魂不复回。

笔走龙蛇皆心血，讴歌时代赞英才。

一生正直持真理，九曲回肠哭灵台。

壮志未酬含愤去，顽凶已剪四化来。

李肖白　王　琦　洪　群　姚　林

蝉声花影挥文旗，四十年来鬓已丝。

仰止文章还战士，服膺知己更思师。

马兰梦损军书急，日卜魂惊战马嘶。

欲哭寝门何处是，从今怕读玉谿诗。

奇冤千古一朝湔，马列真传自有天。

一话何辜遭锻炼，三家无地昧机先。

头颅掷处斑斑血，囚槛吟成恨恨笺。

国贼未除公先去，九天闻报应泫然。

陶　军

太行烽火扫妖氛，夜话声声倾赤心。

妙手青文传马列，舍身取义显忠贞。

天地悠悠何早去，日月朗朗慰诗魂。

浩荡新征思猛将，青史永志马南邨。

张　旭

岂料身后洗沉冤，一掷头颅斥巨奸。

才气文章南闽秀，书生戎马太行艰。

龙蛇笔走人民报，碧血心凝前线刊。

夜话千篇丝不尽，风流百代禄燕山。

陈希同 张天泰

拯民北战更南征，椽笔频教鬼蜮惊。

蓦地神州风雨至，草凋木落永垂名。

燕山狂语读当年，毁籍焚文欲问天。

何事蜮九能祸国，为拈衷语悼名贤。

曾子敏

怀拓叔

屈贾才华世所稀，燕山寄语话天机。

洛阳纸贵应能忆，十里长街车满栖。

邹树民

风雪山林反扫荡，寒川深谷转战忙。

健马背上构思苦，弹雨飞天写文章。

肖鹏林

平生磊落豪情壮，翰墨生涯献丹心。

灾难逼身宁玉碎，良师顿失愤难平。

周 游 罗 文

飞车载梦到京华，[①]往事如烟意转赊。

素帐灵前情更苦，[②]人天共恸贾长沙。[③]

识破尘寰惊破胆，文章济世董狐才。[④]

书生意气宛然在，[⑤]落月屋梁不胜哀。

杨仁恺

曾忆除夕夜，共叙玉关情；我说莫高窟，君称敦煌经。

一夜妖风起，噩耗雪片飞；遗嘱表忠魂，征战为人民！岂料

首都别，今日成永诀！老耄悼英豪，孤雁流沙侧。誓死护春

华，愿君永安息！

常书鸿

---

① 邓拓同志追悼会于9月5日在京举行，于4日夜与王堃骋、谢荒田诸同志登特快车同往北京，翌晨到达。

② 八宝山灵堂内外集中央领导同志和生前友好千余人，邓夫人丁一岚同志一家泣不成声，与会者莫不悲形于色，余则老泪纵横矣。

③ 追悼会进行时，天气忽然转阴，旋即细雨沰沰，会后天霁，当非偶然。贾长沙即西汉初期文帝时的大文学家兼政论家贾谊。

④ 春秋晋国史官董狐，秉笔直书，不避权贵，古之良史。

⑤ 邓拓同志喜为人挥毫，有时在墨翰钤"书生习气未能无"闲章一方，别具新解，发人深思。历史无情，后之览者，当有悟于斯旨耶？！

浩荡新文苑，奇峰耸九重。田间寻生活，一念为工农。
龙蛇腾笔底，神鬼惊九重。点点忠勤血，滴滴献工农。

王松声

尽悴忧时弊，精思起疲茶。冤成三字狱，空负五车书。
马背雄文涌，旄头巨寇除。知公应无恨，拨乱齐欢呼。

杨一之

赤胆照民瘼，日夜付艰辛。燕山松柏翠，文起百家春。
毕生为大业，浩气千秋存。挥笔生云彩，香花今更新。

赵斯金